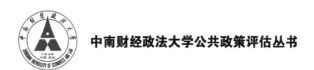

**中南财经政法大学公共政策评估丛书**

U0500302

# 延迟退休政策的
# 社会经济效应评估

杨华磊◎著

知识产权出版社

全国百佳图书出版单位

—北京—

**图书在版编目（CIP）数据**

延迟退休政策的社会经济效应评估/杨华磊著. —北京：知识产权出版社，2020.9
ISBN 978 - 7 - 5130 - 7094 - 2

Ⅰ.①延… Ⅱ.①杨… Ⅲ.①退休—劳动制度—经济效果—研究 Ⅳ.①F249.2

中国版本图书馆 CIP 数据核字（2020）第 143355 号

**责任编辑：**张利萍　　　　　　　　　　　　　　　　**责任校对：**潘凤越
**封面设计：**回归线（北京）文化传媒有限公司　　　　**责任印制：**孙婷婷

## 延迟退休政策的社会经济效应评估

杨华磊　著

| | | | |
|---|---|---|---|
| 出版发行： | 知识产权出版社有限责任公司 | 网　　址： | http：//www.ipph.cn |
| 社　　址： | 北京市海淀区气象路 50 号院 | 邮　　编： | 100081 |
| 责编电话： | 010 - 82000860 转 8387 | 责编邮箱： | 65109211@ qq.com |
| 发行电话： | 010 - 82000860 转 8101/8102 | 发行传真： | 010 - 82000893/82005070/82000270 |
| 印　　刷： | 北京建宏印刷有限公司 | 经　　销： | 各大网上书店、新华书店及相关专业书店 |
| 开　　本： | 720mm×1000mm　1/16 | 印　　张： | 11.5 |
| 版　　次： | 2020 年 9 月第 1 版 | 印　　次： | 2020 年 9 月第 1 次印刷 |
| 字　　数： | 172 千字 | 定　　价： | 59.00 元 |

ISBN 978-7-5130-7094-2

# 前　言

　　2015 年以后，我国从没有遇见过这样一个超大规模的 1960 后婴儿潮（简称"60 后"）退出劳动力市场（见图 0-1），这会对社会经济系统产生何种冲击？按照当前预期寿命，退休潮将持续到 2050 年左右。2015—2050 年是实现两个百年目标的关键期，为应对老龄化、给产业结构升级赢得时间，延迟退休成为应对老龄化的一项重要法宝，但是媒体调查（2016 年中国青年报社会调查中心联合搜狐民调）和学者研究（李琴和彭浩然，2015；阳义南和肖建华，2018）发现，60% 以上民众反对延迟退休。延迟退休在微观个体上产生何种效应？

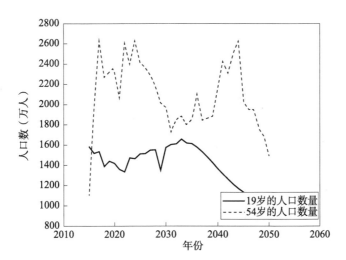

**图 0-1　新进入和退出劳动力市场的人数**

　　注：54 岁和 19 岁代表每年将退出和进入劳动力市场的人数；两者之差为每年减少的适龄劳动人口数量。

如何通过延迟退休的配套性政策建设规避延迟退休可能造成的不利影响，推进延迟退休？正如原人力资源和社会保障部部长尹蔚民指出："推迟退休已是大势所趋，但延迟退休或推迟领取养老金，直接涉及每个人的切身利益，我们需要深入、认真地研究这项政策，稳慎地把握，并适时地推出这项政策。"

对于上述研究，实践中，应厘清延迟退休对家庭生育、家庭福利、劳动供给、劳动人口福利、社会养老金、老年人福利以及经济增长的影响机制和作用后果，给公共权力部门提供配套性政策和抓手，以降低延迟退休对民众的福利损失，进而推进延迟退休。本书具体从以下几个方面进行展开：第一章和第二章分析延迟退休对家庭福利的影响，在此我们主要考察延迟退休对家庭生育的影响，同时也会分析退休前后家庭幸福感的变化；第三章和第四章主要分析退休前后劳动供给的变化和延迟退休对劳动人口福利的影响；第五章和第六章主要从微观和宏观上围绕老年人福利进行分析，首先，从养老金的角度分析延迟退休的社会养老金和个人养老金财富效应，其次，从代际赡养角度分析延迟退休的老年人福利效应；第七章主要分析延迟退休的宏观效应，即延迟退休对经济增长的影响。最后，通过本书的分析，以期为公共政策制定提供决策服务。

# *CONTENTS*

## 目　录

# 第一章　延迟退休的家庭生育效应

随着人口的世代更迭，面对渐行渐远的人口红利，为应对未来老龄化趋势加快的局面，中国的学术界和相关职能部门不断酝酿，但迄今尚未正式推出延迟退休方案。原因之一在于民众对延迟退休政策的反对声较大，特别是延迟退休对养老和就业产生影响，目前学术界对其政策效果的评估和政府给予的理由仍不足以使民众信服。从宏观层面看，虽然延迟退休有助于缓解政府未来的养老金支付危机，具有显著的社会养老效应（Cremer 和 Pestieau，2003；Galasso，2008；Lacomba 和 Lagos，2010；张熠，2011；余立人，2013；于洪和曾益，2015；景鹏和胡秋明，2016；宁磊和郑春荣，2016），但多数学者在研究中忽视了居家养老在中国养老模式中的主导地位，导致延迟退休在微观层面上对家庭养老产生的效应还未厘清。与此同时，尽管延迟退休对当前就业的促进效应已基本达成共识（Kalwij 等，2010；张川川和赵耀辉，2014；阳义南和谢予昭，2014；苏春红等，2015；姚东旻，2016；张熠等，2017），但延迟退休对未来就业（即当前生育水平）的影响还存在一定争议。

延迟退休会对家庭生育水平产生何种影响？首先，从直接影响来看：第一种观点认为，由于幼教机构的不完善与托幼市场的不成熟，在转型期的中国，祖辈隔代抚养仍是婴儿照看的主要方式，延迟退休将挤出祖辈对孙辈的照料时间，使得生育子女时缺乏家庭和社会支持，进而造成家庭生育水平下降（何圆和王伊攀，2015；卢鲁，2015；周鹏，2017）。第二种观点认为，随着老龄化趋势日益严峻，社会养老和家庭养老的负担过重可能会对生育资源造成挤占，而延迟退休或许可以减轻甚至避免养老对家庭生育的挤占，从而释放生育资源，提升生育水平（周立群和周晓波，2016；吴义根和杨华磊，2018）。第三种观点认为，延迟退休对生育的影响视情况而定（郭凯明和颜色，2016）。在家庭存在内部转移和孩子的数量、质量存在替代的情景下，利用统一增长理论推演发现，如果父母对孩子的质量更为看重，延迟退休有助于提升生育质量，降低家庭生育数量；反之，延迟退休则很有可能提升生育水平。

其次，在间接影响方面，延迟退休通过影响家庭养老，进而影响生育水平。虽然延迟退休通过增加缴费人群可能促使基本养老保险基金规模扩大，但是表征为社会养老的基本养老金对生育的影响目前仍存在一定争议。一种观点认为，基本养老金增加会降低生育。Becker 和 Barro（1988）建立一个存在馈赠机制的 OLG 模型进行推理发现，社会保障基金规模增加会削弱生育；Zhang Jie 和 Zhang Junsen（2004）利用跨国面板数据进行实证研究发现，社会保障对生育存在显著的负面影响；张川川、李雅娴和胡志安（2017）基于 CHARLS 和人口普查数据进行实证研究发现，新农保政策的实施减少了农村居民对家庭养老模式的依赖，进而使农村地区的出生性别比降低。另一种观点认为，基本养老金对生育的影响视情况而定。Rosati（1996）在一个生育内生的非利他模型中推演发现，如果个体有更高的风险厌恶系数，社会保障基金规模增加将会降低生育；Wigger（1999）把生育的消费和投资属性嵌入 OLG 模型后推演发现，如果基本养老金规模很小或很大，其支出增加可能降低生育，而适中的基本养老金水平反而会促进生育；Miyazaki（2003）在新古典增长理论的框架下，发现现收现付制下基本养老金规模的扩大是否促进生育，很大程度上取决于抚养孩子的物质成本、当前的生育水平以及自由放任下的市场利率等。

综上，目前直接研究延迟退休对生育影响的成果较少，部分学者在进行理论推演和实证检验中也存在以下问题：第一，将退休前劳动人口的继续就业（延迟退休）和退休老人再就业两类群体等同，即认为退休老人再就业对生育的影响就是延迟退休对生育的影响。何圆和王伊攀（2015）考虑到延迟退休政策在中国还没有实行，其把退休老人再就业对生育的影响当作延迟退休对生育的影响，导致机制阐述和结论有失偏颇。第二，延迟退休对生育的负面影响可能存在高估。周鹏（2017）在进行理论推理时，虽然阐述了延迟退休对生育产生负面影响的机制，但是模型设定过程中忽视了生产者决策，导致模型结论不仅高估了延迟退休对生育的负面影响，还忽视了延迟退休对产出，进而对生育资源释放的正面影响。第三，由于延迟退休还未在中国推行，所以中国的延迟退休政策对生育的影响这一考察项目无法进行，就目前研究而言，从国际经验视角研究延迟退休对生育影响的工作也不多。

基于此，本章将重点考察延迟退休对家庭生育的影响效应。研究思路表现为，首先通过引入延迟退休变量，建立一个要素内生的世代交叠模型，从理论上阐述延迟退休对生育的影响；其次从国际经验取证，通过实证分析验证理论推断，进一步考察延迟退休对生育的影响。主要的边际贡献包括：理论层面，在 Wigger（1999）、Zhang Jie 和 Zhang Junsen（2004）构建的世代交叠模型基础上继续引入延迟退休和闲暇变量，厘清延迟退休对生育的影响机制，从而和已有学者讨论退休老人再就业对生育的影响区分开来；数据层面，由于延迟退休还没有在中国实施，采用 OECD 国家的数据进行实证分析至少能在一定程度上反驳延迟退休不利于生育水平提升的观点，据此为政府出台延迟退休政策方案提供科学建议；结论层面，至少从理论和国际经验上看，可以认为中国将要推行的延迟退休方案可能存在促进生育水平提升的机制和路径。

# 第一节　理论模型框架

## 一、消费者决策

参考 Wigger（1999）、Zhang Jie 和 Zhang Junsen（2004）的研究，本书假设个体一生的时间为 1 个单位，同时由三个阶段（幼儿期、劳动期、老年期）组成。如果幼儿期接受抚养，时间为 $\overline{e_i}$；老年期为闲暇期，时间为 $x_t$。一般而言，延迟退休意味着劳动期延长，老年期缩短，相比前人，此处用变量 $x_t$ 近似表征延迟退休，即 $x_t$ 减少意味着延迟退休。与此同时，考虑到劳动期也会有闲暇，因而本书设定工作期闲暇时间为 $l_{y,t}$，则个体一生参与劳动的时间 $l_{w,t}$ 为

$$l_{w,t} = 1 - \overline{e}_t - x_t - l_{y,t} \qquad (1-1)$$

在劳动期，如果劳动人口的工资水平为 $w_t$，则获取收入为 $l_{w,t}w_t$，其可用于抚养孩子、赡养老人、养老保险缴费、储蓄以及自身消费。沿用 Wigger（1999）等学者的设定，抚养孩子支出占工资的比例为 $e_t = \mu n_t^{\vartheta}$，其中 $\mu > 0$，$\vartheta \geq 1$；同时设定赡养老人、养老保险个人账户缴费、社会统筹账户缴费及储蓄分别占工资的比例为 $G_t$、$\tau_p$、$\tau_s$ 和 $s_t$，则劳动人口在劳动期的消费 $c_t^y$ 为

$$c_t^y = (l_{w,t} - e_t - G_t - \tau_s - \tau_p - s_t)\, w_t \qquad (1-2)$$

在老年期，当劳动人口退出劳动力市场，进而进入闲暇阶段后，考虑到中国的特殊国情，即养老模式是社会养老和家庭养老的混合，社会养老又表现为个人账户和社会统筹混合的统账结合型。老年人口的收入主要来源于子女的经济支持、劳动期间的储蓄、个人账户养老金收益以及社会统筹账户养老金的转移支付。考虑到一个老人在劳动期内可能生育 $n_t$ 个孩子，则抚养孩子费用为 $n_t G_{t+1} w_{t+1}$；又考虑到个人账户养老金 $F_t$ 与储蓄类似，市场利率为 $R_{t+1}$，则老年期的个人账户养老金和储蓄收益分别为 $s_t w_t R_{t+1}$ 和 $F_t R_{t+1}$；社会统筹账户养老金为 $P_{t+1}$。借鉴康传坤（2012）的研究成果，考虑到老年期部分劳动人口还会参与社会劳动，存在继续向养老保险统筹账户缴费的现象，因此设参与劳动时间的比例为 $z_t$，用来表征退休老人再就业的时间，如果 $z_t > 0$，则意味着退休老人存在再就业的现象。老年期的工资性收入和修改后的社会统筹账户养老金分别为 $(1-\tau_s)z_t x_t w_{t+1}$ 和 $(x_t - z_t x_t)P_{t+1}$，综上，老年期的消费 $c_{t+1}^o$ 为

$$c_{t+1}^o = s_t w_t R_{t+1} + n_t G_{t+1} w_{t+1} + (1-\tau_s)z_t x_t w_{t+1} + (x_t - z_t x_t)P_{t+1} + F_t R_{t+1}$$

$$(1-3)$$

参考 Wigger（1999）效用函数的对数设定，假设老人抚养孩子不

挤占劳动时间，仅发生物质消费；考虑到中国元素，抚养孩子和赡养老人既是一种责任，也是一种传统美德，同时这一过程中也会带来天伦之乐，因此在效用函数中加入抚养孩子和赡养老人项。最终成年劳动人口的效用包括自身消费、孩子消费、老人消费、劳动期闲暇和老年期闲暇。如果将效用函数取对数，每期青年劳动人口的目标函数为

$$\max U_t = \lg[c_t^\gamma (c_{t+1}^0)^\beta (e_t w_t)^\gamma (c_t^0)^\eta] + \varphi \lg[l_{y,t}(x_t - z_t x_t)^b]$$

$$(1-4)$$

其中，$\beta$ 代表物质消费的跨期折现系数；$\gamma$ 和 $\eta$ 分别代表对孩子和老人消费赋予的权重，也是当期各代消费之间的折现系数；$\varphi$ 代表消费与闲暇的折现系数；$b$ 代表闲暇的跨期折现系数。最终劳动期人口面临的决策是，如何把劳动时间最优地分配在当期消费、储蓄、赡养老人、抚养孩子及养老保险缴费上，以达到一生效用最大化的目标。劳动期人口面临的决策方程为

$$\max U_t = \lg[c_t^\gamma (c_{t+1}^0)^\beta (\mu n_t^\vartheta w_t)^\gamma (c_t^0)\eta] + \varphi \lg[l_{y,t}(x_t - z_t x_t)^b]$$

$$s.t. \begin{cases} c_t^\gamma = (1 - \overline{e}_t - x_t - l_{y,t} - \mu n_t^\vartheta - G_t - \tau_s - \tau_p - s_t)w_t \\ c_{t+1}^0 = s_t w_t R_{t+1} + n_t G_{t+1} w_{t+1} + (1 - \tau_s)z_t x_t w_{t+1} + (x_t - z_t x_t)P_{t+1} + F_t R_{t+1} \\ c_t^0 = s_{t-1} w_{t-1} R_t + n_{t-1} G_t w_t + (1 - \tau_s)z_{t-1} x_{t-1} w_t + (x_{t-1} - z_{t-1} x_{t-1})P_t + F_{t-1} R_t \end{cases}$$

$$(1-5)$$

第 $t$ 期资本收益率 $R_{t+1}$ 取决于生产者。把第二期消费约束条件变形为储蓄率 $s_t$ 的函数，然后将储蓄率 $s_t$ 代入第一个约束条件。根据第一和第三个约束条件及目标函数构造拉格朗日方程 $R$，引入拉格朗日系数 $\lambda_1$ 和 $\lambda_2$，分别对 $c_t^\gamma$、$c_{t+1}^0$、$n_t$、$c_t^0$ 以及 $G_t$ 求导。考虑到家庭决策时把政府给付的量当作常数，所以 $P_{t+1}$ 和 $F_t$ 关于上述变量的导数为零，则有

$$
\begin{cases}
\dfrac{\partial \boldsymbol{R}}{\partial c_t^y} = \dfrac{1}{c_t^y} + \lambda_1 = 0 \\[3mm]
\dfrac{\partial \boldsymbol{R}}{\partial c_{t+1}^0} = \dfrac{\beta}{c_{t+1}^0} + \lambda_1 \dfrac{1}{R_{t+1}} = 0 \\[3mm]
\dfrac{\partial \boldsymbol{R}}{\partial n_t} = \dfrac{\vartheta\gamma}{n_t} - \lambda_1 \dfrac{G_{t+1}w_{t+1}}{R_{t+1}} + \lambda_1 \vartheta\mu n_t^{\vartheta-1} w_t = 0 \\[3mm]
\dfrac{\partial \boldsymbol{R}}{\partial c_t^0} = \dfrac{\eta}{c_t^0} + \lambda_2 = 0 \\[3mm]
\dfrac{\partial \boldsymbol{R}}{\partial g_t} = \lambda_1 - \lambda_2 n_{t-1} = 0
\end{cases} \tag{1-6}
$$

根据 $\partial R/\partial c_{t+1}^0 = 0$ 和 $\partial R/\partial c_t^y = 0$ 得出劳动期人口年老时消费与劳动期间消费的关系；把 $\partial R/\partial c_{t+1}^0 = 0$ 和 $\partial R/\partial c_t^y = 0$ 中 $\lambda_1$ 的表达式分别代入 $\partial R/\partial n_t = 0$ 中，得出生育与劳动人口年老时消费、劳动期间消费的关系；把 $\partial R/\partial c_t^y = 0$ 和 $\partial R/\partial c_t^0 = 0$ 中 $\lambda_1$ 和 $\lambda_2$ 的表达式分别代入 $\partial R/\partial G_t = 0$ 中，得出每期劳动人口消费和老年人口消费的关系，综上，家庭决策下的一阶条件为

$$
\begin{cases}
\dfrac{c_{t+1}^0}{c_t^y} = \beta R_{t+1} \\[3mm]
\dfrac{\vartheta\gamma}{n_t} = \dfrac{\vartheta\mu n_t^{\vartheta-1} w_t}{c_t^y} - \dfrac{\beta G_{t+1}w_{t+1}}{c_{t+1}^0} \\[3mm]
\dfrac{c_t^0}{c_t^y} = \eta n_{t-1}
\end{cases} \tag{1-7}
$$

## 二、生产者决策

在家庭决策中工资 $w_t$ 和利率 $R_{t+1}$ 是给定的常数，事实上这些变量由生产者追求利润最大化决定。假设生产函数为规模报酬不变的 C－D 生产函数，则有

$$
Y_t(K_t, A_t L_t) = K_t^{\alpha}(A_t L_t)^{1-\alpha} \tag{1-8}
$$

其中，$\alpha$ 为资本贡献份额：$Y_t$、$A_t$、$K_t$ 及 $L_t$ 分别为产出、全要素生产率、资本以及劳动。根据 Romer（1986）的研究，假设劳动生产率与

劳均资本成正比，参考 Wigger（1999）、Zhang Jie 和 Zhang Junsen（1998）的工作，设定全要素生产率 $A_t = K_t/(aL_t)$，其中，$a$ 为技术参数。令 $k_t = K_t/(A_t L_t)$ 和 $\bar{k}_t = K_t/L_t$ 分别为劳均有效资本和劳均资本。有效人均产出 $Y_t/(A_t L_t) = f(k_t) = k_t^\alpha$。为便于分析，假设 $A_{t+1}/A_t = g_t \equiv g$，则有 $\bar{k}_{t+1}/\bar{k}_t = g$ 以及 $k_t = a$ 成立。据生产者利润最大化条件，劳动的边际成本等于劳动的边际收益，资本的边际成本等于资本的边际收益，如果记 $w = (1-\alpha)a^\alpha$，则有

$$
\begin{cases}
R_t = R_{t+1} = \dfrac{\partial Y_t}{\partial K_t} = \alpha k_t^{\alpha-1} = f'(k_t) = \alpha a^{\alpha-1} \\[2mm]
w_t = \dfrac{\partial Y_t}{\partial L_t} = A_t(1-\alpha)k_t^\alpha = A_t(1-\alpha)a^\alpha = A_t w
\end{cases} \tag{1-9}
$$

### 三、政府决策

如果劳动人口个人账户缴费基数和缴费比例分别为 $w_t$ 和 $\tau_p$，则每期个人账户养老金收入 $F_t$ 为 $\tau_p w_t$，即

$$
F_t = \tau_p w_t \tag{1-10}
$$

政府对老年期人口发放的社会统筹养老金为 $(x_t - z_t x_t)P_{t+1}$，征收的养老金来自处于劳动期人口上缴的统筹养老金 $n_t \tau_s w_{t+1}$ 和处在老年期继续参与工作上缴的统筹养老金 $z_t x_t \tau_s w_{t+1}$，根据社会统筹账户预算平衡，则有

$$
(x_t - z_t x_t)P_{t+1} = n_t \tau_s w_{t+1} + z_t x_t \tau_s w_{t+1} \tag{1-11}
$$

# 第二节 理论模型分析

## 一、基础模型求解

由于建立的是一般均衡模型，所以模型分析在均衡处进行。劳动市场均衡表现为，如果老人参与劳动的比例系数为 $\varepsilon$，每期劳动人口数量等于年轻劳动人口数量 $N_{t+1}l_{w,t+1}$ 和年老后继续劳动的有效劳动人

口数量 $\varepsilon N_t z_t x_t$ 之和，考虑年老劳动人口的属性，则劳动人口的运动方程有

$$L_{t+1} = N_{t+1} l_{w,t+1} + \varepsilon N_t z_t x_t \qquad (1-12)$$

资本市场均衡表现为，如果考虑到劳动人口的劳动参与率 $l_{w,t}$，每期资本等于上一期劳动人口的总储蓄 $N_t l_{w,t} s_t w_t$ 和个人账户养老金 $N_t l_{w,t} \tau_p w_t$，则资本运动方程为

$$K_{t+1} = N_t l_{w,t} s_t w_t + N_t l_{w,t} \tau_p w_t \qquad (1-13)$$

对劳动人口的运动方程两边同时除以 $N_t$，根据生育的运动方程 $N_t n_t = N_{t+1}$，则有 $L_{t+1}/N_t = n_t l_{w,t+1} + \varepsilon z_t x_t$；再根据 $\overline{k}_{t+1} = K_{t+1}/L_{t+1}$，对资本运动方程两边除以 $N_t$，同时引入辅助变量 $L_{t+1}$，则得到劳均资本运动方程

$$\overline{k}_{t+1} = \frac{l_{w,t} s_t w_t + l_{w,t} \tau_p w_t}{n_t l_{w,t+1} + \varepsilon z_t x_t} \qquad (1-14)$$

再根据 $g = \overline{k}_{t+1}/\overline{k}_t$，$w_t = A_t w$，$k_t A_t = \overline{k}_t$，$k_t = a$，对劳均资本的运动方程两边同时除以 $\overline{k}_t$，则有全要素增长率

$$g = \frac{l_{w,t} s_t w + l_{w,t} \tau_p w}{a(n_t l_{w,t+1} + \varepsilon z_t x_t)} \qquad (1-15)$$

在竞争均衡处 $s_t$、$n_t$（或 $e_t$）以及 $G_t$ 为常数，在此分别表示为 $s^*$、$n^*$（或 $e^*$）以及 $G^*$。工资水平 $w_t$、劳动人口消费 $c_t^y$、老年人口消费 $c_{t+1}^o$、劳动生产率 $A_t$、劳动工作时间 $l_{w,t}$、劳均资本 $k_t$ 以及劳均产出 $f(\overline{k}_t)$ 等变量按照增长率 $g_t \equiv g$ 进行。

如果征缴的社会统筹和个人账户养老金比例分别为 $\tau_s$ 和 $\tau_p$，同时工资 $w_t$ 和利率 $R_{t+1}$ 根据生产者部门利润最大化已知，则劳动人口第一期消费 $c_t^y$、第二期消费 $c_{t+1}^o$ 以及老人消费 $c_t^o$ 可以用储蓄率 $s_t$、抚养孩子支出比例 $e_t = \mu n_t^\vartheta$、家庭转移支出比例 $G_t$ 表示。又因为抚养孩子支出比例 $e_t$ 是总和生育率 $n_t$ 的函数，所以均衡处需要求解的变量为储蓄率 $s_t$、总和生育率 $n_t$ 以及家庭转移支出比例 $G_t$。此外，考虑到总和生育率 $n_t$ 和抚养孩子支出比例 $e_t$ 的关系，只需要求出储蓄率 $s_t$、家庭转移支出比例 $G_t$ 以及抚养孩子支出比例 $e_t$，即可得到所有变量。

根据消费者决策一阶条件中自身年老时消费和年轻时消费的跨期关系、自身劳动期消费和父母消费的代际关系，则有 $c_{t+1}^0/C_t^0=\beta R_{t+1}/(\eta n_{t-1})$。又根据 $C_{t+1}^0/C_t^0=g$、$R_{t+1}\equiv R$ 以及 $n_t=n_{t-1}=n^*$，则有

$$gn^*=gn_{t-1}=gn_t=\frac{\beta R}{\eta} \qquad (1-16)$$

根据市场均衡条件中全要素生产率 $g$ 的表达式，经过变形为 $l_{w,t}w(s_t+\tau_p)=al_{w,t+1}gn_t+ag\varepsilon z_t x_t$，又因为均衡处 $n_t=n=n^*$，把 $gn^*=\beta R/\eta$ 代入变形公式，经过整理 $s_t+\tau_p=(Ra/w)[\beta l_{w,t+1}/(\eta l_{w,t})]+a\varepsilon gz_t x_t/(l_{w,t}w)$。又根据 $R=\alpha a^{\alpha-1}$ 和 $w=(1-\alpha)a^\alpha$，同时令 $m=Ra/w=\alpha/(1-\alpha)$，又根据均衡处 $l_{w,t+1}=l_{w,t}=l_w$；考虑 $g$ 几乎接近于 1，令 $gz_t\approx z_t$；又因 $l_w=1-\overline{e}_t-x_t-l_{y,t}$，最终得到个人账户养老金的广义储蓄率 $s^*+\tau_p$，即

$$s^*+\tau_p=\frac{\beta m}{\eta}+\frac{gz_t m}{R}\frac{\varepsilon x_t}{1-\overline{e}_t-x_t-l_{y,t}} \qquad (1-17)$$

为分别考察延迟退休和退休后再就业的储蓄效应，对储蓄率 $s^*+\tau_p$ 求表征延迟退休变量 $x_t$ 和表征退休后再就业变量 $z_t$ 的导数，则有

$$\begin{cases} \dfrac{\partial(s^*+\tau_p)}{\partial x_t}=\dfrac{gz_t m\varepsilon}{R}\dfrac{1-\overline{e}_t-l_{y,t}}{(1-\overline{e}_t-l_{y,t}-x_t)^2}>0 \\[4mm] \dfrac{\partial(s^*+\tau_p)}{\partial z_t}=\dfrac{gm\varepsilon}{R}\dfrac{\varepsilon x_t}{1-\overline{e}_t-x_t-l_{y,t}}>0 \end{cases} \qquad (1-18)$$

由以上分析可以看出，如果实施延迟退休，劳动期工作时间就会延长，即不仅 $x_t$ 下降，在均衡处的储蓄率 $s^*+\tau_p$ 也会下降；如果退休后再就业的时间增加，即 $z_t$ 增加，则均衡时储蓄率 $s^*+\tau_p$ 也会增加。其中，延迟退休的储蓄效应基本符合杨继军和张二震（2013）的结论。

把消费者年轻时的第一期约束条件 $c_t^y$、年老时的第二期约束条件 $c_{t+1}^0$、个人账户养老金 $F_t=\tau_p w_t$ 以及社会统筹账户养老金（$x_t-z_t x_t$）$P_{t+1}=n_t\tau_s w_{t+1}+z_t x_t\tau_s w_{t+1}$ 分别代入一阶条件 $c_{t+1}^0/c_t^y=\beta R_{t+1}$ 中。两边同时除以 $R_{t+1}$，方程左边上下同除以 $w_t$，同时考虑到 $w_{t+1}/w_t=g$、$n_t=$

$n^*$、$gn^* = \beta R_{t+1}/\eta$ 以及 $G_t = G_{t+1} = G^*$，则有

$$s_t + \tau_p + \frac{\beta}{\eta}G_{t+1} + \frac{z_t g}{R_{t+1}}x_t + \frac{\beta}{\eta}\tau_s = \beta(l_{w,t} - \mu n_t^\vartheta - G_t - \tau_s - \tau_p - s_t)$$

$$(1-19)$$

把 $c_t^y = (l_{w,t} - \mu n_t^\vartheta - G_t - \tau_s - \tau_p - s_t)w_t$ 和 $c_{t+1}^0 = \beta R_{t+1}c_t^y$ 代入消费与生育关系 $\vartheta\gamma/n_t = \vartheta\mu n_t^{\vartheta-1}w_t/c_t^y - \beta G_{t+1}w_{t+1}/c_{t+1}^0$ 中去，两边同乘以 $n_t$，又根据 $w_{t+1}/w_t = g$，又因 $gn^* = \beta R/\eta$，进一步整理，生育的物质成本 $e_t = \mu n_t^\vartheta$ 为

$$\mu n_t^\vartheta = \frac{\vartheta\gamma(1 - \overline{e}_t - x_t - l_{y,t} - \tau_s)}{\vartheta + \vartheta\gamma} - \frac{\vartheta\gamma(\tau_p + s_t)}{\vartheta + \vartheta\gamma} + \frac{\beta - \eta\vartheta\gamma}{\eta(\vartheta + \vartheta\gamma)}G_{t+1}$$

$$(1-20)$$

为求 $G_{t+1}$，把 $\mu n_t^\vartheta$ 和 $s^* + \tau_p$ 的求解结果代入式（1-19），同时令 $1 - \overline{e}_t - x_t - l_{y,t} - \tau_s = \supset$，根据 Miyazaki（2013）的研究，令 $\mu = \vartheta = 1$，即养育孩子的成本函数是线性的，则有

$$G^* = \frac{\eta\supset}{\beta + \eta + 1 + \gamma} - \left[\frac{\eta}{\beta + \eta + 1 + \gamma} + \frac{\eta(1+\gamma)}{\beta + \eta + 1 + \gamma}\frac{1}{\beta}\right]$$

$$\left(\frac{\beta m}{\eta} + \frac{gz_t m\varepsilon x_t}{R\ l_{w,t}}\right) - \frac{(1+\gamma)}{\beta + \eta + 1 + \gamma}\frac{1}{\beta}\left[\frac{z_t g}{R}x_t + \frac{\beta}{\eta}\tau_s\right] \quad (1-21)$$

为分别分析延迟退休的家庭代际支持效应和退休后再就业的家庭代际支持效应，对代际支持系数 $G_{t+1}$ 求表征为延迟退休的变量 $x_t$ 和表征退休后再就业变量 $z_t$ 的导数，则有

$$\begin{cases} \dfrac{\partial G^*}{\partial x_t} = \dfrac{-\eta}{\beta + \eta + 1 + \gamma} - \left[\dfrac{\eta}{\beta + \eta + 1 + \gamma} + \dfrac{\eta(1+\gamma)}{\beta + \eta + 1 + \gamma}\dfrac{1}{\beta}\right] \\[2mm] \dfrac{gz_t m\varepsilon}{R}\dfrac{1 - \overline{e}_t - l_{y,t}}{(1 - \overline{e}_t - l_{y,t} - x_t)^2} - \dfrac{\eta(1+\gamma)}{\beta + \eta + 1 + \gamma + \varphi d}\dfrac{1}{\beta}\dfrac{z_t g}{R} < 0 \\[2mm] \dfrac{\partial G^*}{\partial z_t} = -\left[\dfrac{\eta}{\beta + \eta + 1 + \gamma} + \dfrac{\eta(1+\gamma)}{\beta + \eta + 1 + \gamma}\dfrac{1}{\beta}\right]\dfrac{gm}{R}\dfrac{\varepsilon x_t}{l_{w,t}} - \dfrac{\eta(1+\gamma)}{\beta + \eta + 1 + \gamma + \varphi d}\dfrac{1}{\beta}\dfrac{g}{R}x_t < 0 \end{cases}$$

$$(1-22)$$

通过式（1-22）可以看出，如果实施延迟退休，逐步延长退休前劳动人口的工作时间，即 $x_t$ 下降，家庭的代际支持水平 $G^*$ 上升，

从而起到改善家庭养老的效果；如果退休后老年人口再就业的时间增加，即 $z_t$ 增加，则家庭的代际支持水平 $G^*$ 下降。

为求均衡时的生育水平 $n^*$，把 $G^*$ 代入式（1－20）中，同时令 $\vartheta = 1$，则有

$$n^* = \frac{1}{\mu} \frac{\gamma}{1+\gamma}\left(1 - \overline{e}_t - x_t - l_{y,t} - \tau_s - \frac{\beta m}{\eta} - \frac{g z_t m}{R} \frac{\varepsilon x_t}{l_{w,t}}\right) + \frac{1}{\mu} \frac{\beta - \eta\gamma}{\eta(1+\gamma)} G^*$$

$$(1-23)$$

为分析延迟退休和退休后再就业的生育效应，对生育水平 $n^*$ 求关于延迟退休变量 $x_t$ 和退休后再就业变量 $z_t$ 的导数，再根据杨再贵（2010）的假设，$1 > \beta > \gamma > \eta$，则有

$$\begin{cases} \dfrac{\partial n^*}{\partial x_t} = -\dfrac{1}{\mu} \dfrac{\gamma}{1+\gamma}\left(1 + \dfrac{g z_t m \varepsilon}{R} \dfrac{1 - \overline{e}_t - n_t l_{c,t} - l_{o,t} - l_{y,t}}{(1 - \overline{e}_t - n_t l_{c,t} - l_{o,t} - l_{y,t} - x_t)^2}\right) + \dfrac{1}{\mu} \dfrac{\beta - \eta\gamma}{\eta(1+\gamma)} \dfrac{\partial G^*}{\partial x_t} < 0 \\[4mm] \dfrac{\partial n^*}{\partial z_t} = -\dfrac{1}{\mu} \dfrac{\gamma}{1+\gamma} \dfrac{g m}{R} \dfrac{\varepsilon x_t}{l_{w,t}} + \dfrac{1}{\mu} \dfrac{\beta - \gamma}{\eta(1+\gamma)} \dfrac{\partial G^*}{\partial z_t} < 0 \end{cases}$$

$$(1-24)$$

通过式（1－24）可以看出，如果延迟退休，劳动期的工作时间延长，即 $x_t$ 下降，家庭生育水平 $n_t$ 上升；如果退休后再就业的时间增加，即 $z_t$ 增加，则家庭生育水平 $n^*$ 下降。

## 二、模型结论讨论

为什么劳动期人口的延迟退休会提高家庭养老的代际支持比例？因为赡养老人，无论是时间投入还是物质消费，无论是社会支持还是家庭支持，都可以看作表征为代际支持的赡养资源。劳动期人口继续就业，使得工作时间 $l_{w,t}$ 增加。根据模型设定，由于劳动时间或劳动收入用于赡养老人以及抚养孩子等分配，在养老文化和制度不变的情况下（自养和代际赡养的比例不变），随着劳动时间增加，劳动人口资源也会增加，使得劳动期人口有更多的时间和资源用于代际赡养，进而延长劳动期的工作时间，即增加 $l_{w,t}$，有助于增加劳动期人口对老年人口的代际支持比例 $G_t$，提高家庭养老模式下的代际支持水平。简言之，其中的逻辑是，延迟退休使得用于赡养老人的劳动时间和资

源增加，改善家庭养老。

为什么退休老人再就业的时间越长，越会降低劳动期人口对老年人口的代际支持水平？老年期人口的收入来源主要包括家庭代际支持（孩子赡养）、社会代际支持（统筹账户养老金）以及个人账户养老金、储蓄和工资性收入。退休老人再就业获得的收入主要用于缴纳社会统筹账户养老金（支持其他老年人口）和个人老年期的消费，可见退休后再就业主要是增加老人的自养成分。综上，退休老人如果继续增加就业时间，并没有使得劳动期人口支持老年人口的总劳动时间 $l_{w,t}$ 增加，但是在考虑到自身退休后还需要继续工作，即 $z_t$ 增加，获得收入用于自身养老，根据目标函数和约束条件，如果老年期人口获得的收入一定，即 $c_{t+1}^0$ 不变，在养老文化和制度转变的情况下（自养比例增加），由于老年期自养比例增加，将使得处在劳动期的劳动人口降低家庭或社会代际支持比例 $G_t$（表征为他养的代际支持降低）。简言之，其中的逻辑是，退休老人再就业，自养成分增加，削弱家庭子女养老，子女支持减少。

为什么劳动期人口的延迟退休会提高家庭生育水平？因为无论是退休老人抚养，还是由处于劳动期的老人抚养，抚养孩子总需要占用资源，花费成本（机会成本），如果有更多的时间和资源，在生育文化以及其他条件不变下，意味着抚养孩子的能力增强，进而有助于提高生育水平。根据模型设定，延迟退休增加了劳动期人口的劳动时间 $l_{w,t}$，劳动时间延长又有助于增加个人收入，进而使得劳动人口在抚养孩子、赡养老人等方面拥有的资源增加，进而提高生育水平 $n_t$。简言之，其中的逻辑是，延迟退休提升劳动人口的能力（收入），增加劳动人口的生育资源，生育水平提高。

为什么退休老人再就业时间增加会降低均衡时的家庭生育水平？根据模型设定可以看出，退休老人再就业获得的收入主要用于上缴社会统筹账户养老金和老年期的个人消费，没有上缴个人账户养老金、储蓄和抚养孩子等各项支出，即劳动期人口用于抚养孩子的总劳动时间 $l_{w,t}$ 没有增加。然而，由于退休后再就业的时间增加，意味着收入占老年消费的比例上升，即自养比例提高或子女养老投资属性降低，这种生育文化和养老文化的转变，使得劳动期人口在进行决策时，会减少劳动期人口固定的劳动时间用于抚养孩子和赡养老人的比例。不仅如此，因为退休老人再就业的有效劳动低于劳动期参与工作的有效劳动，而社会又是按照社会平均工资支付其劳动报酬，最终使得每期创造的总财富更多地向老人倾斜，使得劳动期劳动人口有更少的收入 $w_t = wK_t/(aL_t)$，（$L_t$ 增加，使得 $w_t$ 下降），最终在劳动时间不变和劳动收入降低的情况下，使得用于抚养孩子的能力削弱，生育资源减少，生育水平 $n_t$ 降低。简言之，其中的逻辑是，退休老人再就业，增加老人的自养成分，削弱家庭子女养老，增大社会和储蓄养老效应，降低生育水平。

## 第三节 数据、变量与模型设定

考虑到中国还没有实行延迟退休，已有微观数据更多是对退休后再就业的生育效应进行分析。本书为考察延迟退休的生育效应，将从国际经验视角出发，寻找那些经历过延迟退休、市场经济较为成熟的 OECD 国家，对其延迟退休与生育的关系进行分析，再结合上述理论探讨，从而为中国将要推行的延迟退休方案和配套性政策提供参考。分析结果对我国的适用性表现为，生育水平下降和老龄化是当前中国和大部分 OECD 国家共同面临的问题，其中 OECD 国家多为市场经济成熟的发达国家，它们经历过工业化和城镇化，且基本完成了养老制度改革与生育政策调整，现代养老制度和生育支持性政策也多诞生于这些国家。以养老制度和延迟退休对生育的影响为例，在我国社会保障制度逐步完善、生育水平下降与生育管控进一步放松的大背景下，中国面临同 OECD 国家越来越相似的环境，后者过去遇到的问题与所经历的过程，可能将会是当前中国正在面临或即将面临的。因此，在生育支持和养老制度改革方面汲取前人的经验教训，对当前的中国延迟退休政策制度制定具有一定的适用性与借鉴意义。

## 一、实证模型

对于退休老人再就业的生育效应，目前理论和实证层面基本达成共识，即退休老人再就业通过影响养老制度，削弱家庭养老，最终会降低生育水平。因此，本书的重点在于检验延迟退休对生育水平的促进效应。根据前文的理论分析，本书使用面板固定效应模型作为基准回归模型。原因是不同国家在宗教信仰、文化习俗、地理环境等方面存在较大差异，如果这些异质性因素与解释变量相关，可能导致模型估计结果有偏，采用面板固定效应模型通过一阶差分消除异质性因素，有助于在一定程度上削弱模型内生性问题造成的影响。本书的基准模型如下：

$$TFR_{it} = \alpha_0 + \alpha_1 X_{it} + \alpha_2 \ln GDP + \alpha_3 (\ln GDP)^2 + Z_{it}\beta + \lambda_i + u_{it}$$

$$(1-25)$$

其中，$i$ 代表国家；$t$ 代表年份；被解释变量 $TFR_{it}$ 表示总和生育率；核心解释变量 $X_{it}$ 有两类，一是女性劳动者的平均退休年龄，二是男性劳动者的平均退休年龄；解释变量 $\ln GDP$ 表示反映经济发展水平的人均 GDP 对数，考虑到经济发展与生育率之间的非线性关系，本书还在回归模型中也加入人均 GDP 对数的二次方项；$Z_{it}$ 代表一组控制变量；$\lambda_i$ 是反映与国家层面相关的个体固定效应；$u_{it}$ 是随机扰动项。此外，为检验回归结果的稳健性，本书一方面采取混合 OLS 回归模型和随机效应模型进行分析；另一方面还在固定效应模型基础上加入年份虚拟变量、总和生育率的滞后期项作为解释变量，从而控制生育惯性的影响。

## 二、数据与变量

由于中国目前还未真正实施延迟退休政策，导致无法利用本国数据来分析延迟退休的生育效应。为此，本书采集 35 个 OECD 国家 1970—2016 年的数据构造非平衡面板，数据系根据 OECD 数据库、世界银行 WDI 数据库的相关统计资料计算整理而得。剔除变量的缺失值后，一共得到 1289 个有效样本。

在变量选取方面，被解释变量为育龄妇女的总和生育率，用来衡量一国的总和生育水平；核心解释变量包括女性劳动者的平均退休年龄和男性劳动者的平均退休年龄，用以反映劳动者退休年龄的整体情况。此外，参照相关学者的研究（冀福俊，2014；于淼和丁孟宇，2015），本书还将经济发展水平、公共卫生服务、城乡差异、女性受教育程度等纳入控制变量，在此分别使用人均 GDP（按购买力平价计算，当年价格）、平均预期寿命、婴儿死亡率、农村人口比例、小学女性毛入学率等指标进行测度。具体变量的名称、定义及描述性统计结果见表 1－1。

表 1－1　变量的名称、定义及描述性统计结果 （$N = 1289$）

| 变量名称 | 变量定义 | 均值 | 标准差 | 最小值 | 最大值 |
|---|---|---|---|---|---|
| 被解释变量 | | | | | |
| 总和生育率 | 整个生育期内每个妇女平均生育子女数（个） | 1.853 | 0.631 | 1.076 | 6.130 |
| 核心解释变量 | | | | | |
| 女性平均退休年龄 | 过去 5 年内 40 岁以上女性劳动者平均退休年龄（岁） | 63.0 | 3.9 | 54.5 | 80.3 |
| 男性平均退休年龄 | 过去 5 年内 40 岁以上男性劳动者平均退休年龄（岁） | 64.6 | 3.8 | 57.6 | 79.3 |
| 控制变量 | | | | | |
| 人均 GDP | 按购买力评价（当年价格）计算的人均 GDP（美元） | 21712.2 | 14734.8 | 689.0 | 102553.9 |
| 平均预期寿命 | 总人口平均预期寿命（岁） | 76.1 | 4.3 | 52.9 | 83.8 |
| 婴儿死亡率 | 每千名儿童年满 1 岁之前的死亡发生率（‰） | 10.11 | 12.78 | 1.70 | 123.30 |
| 农村人口比例 | 农村人口占全国总人口比重（%） | 25.83 | 11.79 | 2.14 | 61.06 |
| 小学女性毛入学率 | 小学女性在学人数与适龄人口之比（%） | 101.69 | 5.70 | 76.78 | 125.52 |

从表 1－1 中可以看出，1970—2016 年 35 个 OECD 国家的平均总

和生育率为 1.853，略低于总和生育率的世代更替水平 2.1，其中最大值是 1975 年的墨西哥，达到 6.130；最小值是 2005 年的韩国，仅有 1.076，处于非常低的生育水平。在退休年龄方面，女性平均退休年龄的均值为 63.0 岁，略低于男性平均退休年龄的均值 64.6 岁。人均 GDP 的平均值为 21712.2 美元，但不同年份、不同国家之间差距较大，标准差为 14734.8，其中最大值是 2015 年的卢森堡，人均 GDP 达到 102553.9 美元；最小值是 1971 年的韩国，人均 GDP 仅为 689.0 美元。其他控制变量的地区差异也比较明显，例如在农村人口比例方面，冰岛、比利时、以色列三个国家均未超过 10%，而斯洛伐克、斯洛文尼亚、波兰、葡萄牙都高于 40%。

## 第四节　分析结果与讨论

### 一、基准结果

从逻辑上来看，女性平均退休年龄和男性平均退休年龄的变化往往存在一定同步性，通过相关性检验发现，二者的 Pearson 相关系数达到 0.883，并且在 5% 水平上统计显著。为避免多重共线性对回归系数统计显著性的干扰，本书对核心解释变量中的女性平均退休年龄、男性平均退休年龄与总和生育率的关系分别构建回归模型，旨在判断退休年龄对生育的影响是否存在性别差异。表 1-2 是采用面板固定效应模型的基准回归结果。

表 1-2　基准回归结果

| | 模型（1） | 模型（2） | 模型（3） | 模型（4） | 模型（5） | 模型（6） |
|---|---|---|---|---|---|---|
| 女性平均退休年龄 | 0.070 ** (0.032) | | 0.047 *** (0.015) | | 0.037 *** (0.011) | |
| 男性平均退休年龄 | | 0.115 *** (0.035) | | 0.042 ** (0.019) | | 0.028 ** (0.014) |
| 人均 GDP 对数 | | | −5.514 *** (0.426) | −5.935 *** (0.718) | −3.576 *** (0.292) | −3.604 *** (0.316) |

| | 模型（1） | 模型（2） | 模型（3） | 模型（4） | 模型（5） | 模型（6） |
|---|---|---|---|---|---|---|
| 人均 GDP 对数的二次方 | | | 0.306 *** | 0.297 *** | 0.192 *** | 0.190 *** |
| | | | (0.025) | (0.037) | (0.017) | (0.019) |
| 平均预期寿命 | | | | | −0.026 | −0.014 |
| | | | | | (0.021) | (0.023) |
| 婴儿死亡率 | | | | | 0.025 *** | 0.025 *** |
| | | | | | (0.005) | (0.007) |
| 农村人口比例 | | | | | 0.008 | 0.008 |
| | | | | | (0.005) | (0.006) |
| 小学女性毛入学率 | | | | | 0.010 *** | 0.011 *** |
| | | | | | (0.003) | (0.004) |
| 常数项 | −2.572 | −5.597 ** | 33.456 *** | 28.526 *** | 16.509 *** | 16.503 *** |
| | (2.007) | (2.235) | (2.750) | (2.832) | (2.376) | (2.334) |
| Hausman | 0.64 | 1.33 | 6.75 | 3.26 | 29.23 | 28.21 |
| $R^2$ | 0.234 | 0.286 | 0.454 | 0.491 | 0.667 | 0.655 |
| N | 1289 | 1289 | 1289 | 1289 | 1289 | 1289 |

注：*、** 和 *** 分别表示 10%、5% 和 1% 的显著性水平，括号内结果为稳健标准误差。

模型（1）仅包含了女性平均退休年龄一个解释变量，回归结果显示，该变量的回归系数为 0.070 且在 5% 水平上显著，这表明女性平均退休年龄每增加 1 岁，总和生育率将提高 0.070。模型（2）给出的是仅有男性平均退休年龄的估计结果，其系数为 0.115，略高于女性且在 1% 水平上显著，说明男性平均退休年龄每增加 1 岁，总和生育率会提高 0.115。上述结果虽然未控制其他潜在影响因素，但已显示出退休年龄对生育水平有显著的正向效应，这初步证实了退休年龄延长有利于提高生育水平的理论预期。

已有研究表明，经济发展状况是影响生育水平的一个非常重要的因素，如果退休年龄与其相关，忽视该因素会低估退休年龄的影响。因此，本研究采用人均 GDP 作为经济发展状况的代理变量，在模型（3）和模型（4）中加入人均 GDP 对数及其二次方项，从而控制经济发展状况对总和生育率的影响。可以看出，女性和男性平均退休年龄的系数分别为 0.047、0.042，与模型（1）和模型（2）相比虽然有所减小，但其影响方向和显著性水平仍然保持不变，这说明模型的估计结果是稳健的。回归结果也显示，人均 GDP 对数的系数显著为负，而其二次方项系数则显著为正，人均 GDP 与总和生育率之间呈现出明显的 U 形关系。其中一种解释是，在收入水平低于某一临界值时，由于生育孩子的机会成本高于放弃工作的工资回报，此阶段总和生育率随人均收入的下降而下降；但当人均收入超过某一临界值，养育孩子的边际效用超过机会成本，此时总和生育率将随人均收入的提高而上升（Luci 和 Thevenon，2010）。

模型（5）和模型（6）进一步控制了平均预期寿命、婴儿死亡率、农村人口比例、小学女性毛入学率对生育水平的影响。在引入这些控制变量后，女性和男性平均退休年龄的系数大小与之前估计结果相比略有降低，但系数符号仍然为正，并在 5% 水平上统计显著，说明回归结果是稳健的。此外，判定系数 $R^2$ 在 0.6 以上，模型的拟合优度较好；Hausman 检验结果分别为 29.23 和 28.21，均在 1% 水平上显著，表明存在不可观测异质性的干扰，因此采用固定效应模型是合理的。

## 二、稳健性检验

在上述结果基础上，本书还进行了一系列稳健性检验，表 1 - 3 报告了回归结果的稳健情况。模型（7）和模型（8）使用了混合 OLS 估计方法代替基准回归中模型（5）和模型（6）的固定效应估计方法。结果显示，在其他控制变量保持不变的情况下，女性平均退休年龄和男性平均退休年龄变量前的估计系数和统计显著性与原结果相比没有发生太大变化。模型（9）以及模型（10）则采用随机效应模型对退休年龄的生育效应进行估计，核心变量的系数大小和显著性与基准回归结果相比仍然保持不变，其他控制变量的估计结果也是基本一致的。为了控制生育惯性的影响，本书借鉴于淼和丁孟宇（2015）的研究，在模型（11）和模型（12）中加入总和生育率滞后 10 期作为解释变量，并通过设定年份虚拟变量来控制时间固定效应。总和生育率滞后10期的估计系数是显著的，表明生育惯性的影响确实存在；女性平均退休年龄和男性平均退休年龄的估计结果与基准情形相差不大，只是系数略微偏小。整体而言，以上稳健性检验结果与表1-2的估计结果大致接近，说明本研究的基准回归结果是稳健的。

表1-3　回归结果的稳健性检验

| | 混合 OLS | | 随机效应 | | 固定效应 | |
|---|---|---|---|---|---|---|
| | 模型（7） | 模型（8） | 模型（9） | 模型（10） | 模型（11） | 模型（12） |
| 女性平均退休年龄 | 0.042 *** | | 0.037 *** | | 0.019 *** | |
| | (0.003) | | (0.012) | | (0.006) | |
| 男性平均退休年龄 | | 0.038 *** | | 0.028 ** | | 0.024 *** |
| | | (0.003) | | (0.013) | | (0.008) |
| 人均 GDP 对数 | −2.497 *** | −2.663 *** | −3.555 *** | −3.584 *** | −1.431 | −1.198 |
| | (0.232) | (0.232) | (0.315) | (0.333) | (0.999) | (1.071) |
| 人均 GDP 对数的二次方 | 0.130 *** | 0.137 *** | 0.190 *** | 0.188 *** | 0.079 | 0.068 |
| | (0.012) | (0.012) | (0.018) | (0.019) | (0.049) | (0.053) |
| 平均预期寿命 | 0.010 * | 0.014 ** | −0.022 | −0.010 | 0.006 | 0.004 |
| | (0.006) | (0.006) | (0.020) | (0.022) | (0.023) | (0.023) |
| 婴儿死亡率 | 0.038 *** | 0.037 *** | 0.027 *** | 0.026 *** | 0.022 *** | 0.020 *** |
| | (0.001) | (0.002) | (0.005) | (0.007) | (0.005) | (0.005) |
| 农村人口比例 | −0.009 *** | −0.008 *** | 0.005 | 0.005 | 0.009 | 0.010 * |
| | (0.001) | (0.001) | (0.004) | (0.005) | (0.005) | (0.005) |
| 小学女性毛入学率 | 0.012 *** | 0.014 *** | 0.010 *** | 0.011 *** | 0.004 | 0.005 |
| | (0.001) | (0.001) | (0.003) | (0.004) | (0.003) | (0.003) |
| 生育率滞后10期 | | | | 0.193 ** | 0.211 ** | |
| | | | | (0.072) | (0.079) | |
| 常数项 | 8.991 *** | 9.594 *** | 16.291 *** | 16.281 *** | 5.292 | 3.809 |
| | (1.224) | (1.207) | (2.433) | (2.395) | (4.956) | (5.288) |
| 年份虚拟 | 否 | 否 | 否 | 否 | 是 | 是 |
| $R^2$ | 0.776 | 0.761 | 0.697 | 0.687 | 0.591 | 0.587 |
| $N$ | 1289 | 1289 | 1289 | 1289 | 1087 | 1087 |

注：*、** 和*** 分别表示10%、5%和1%的显著性水平，括号内结果为稳健标准误差。

## 三、进一步讨论

基于上述研究发现，与退休老人再就业对生育水平负面影响的逻辑机制不同，延迟退休可以提高当前生育水平。根据理论模型的解释，代表性家庭的收入用于消费、储蓄、抚养孩子、赡养老人以及缴纳养老保险。其中的逻辑链是，延迟退休增加了社会劳动时间和资源，而这些资源和时间能够用于支持生育，即延迟退休促使社会总产出增加。这给我们的启示是，如果要发挥好延迟退休对生育的促进效应，必须厘清延迟退休对生育的作用机制，且通过机制设计和制度建设保障好这种作用机制的正常有效运行。那么究竟应该如何设计机制才能使得延迟退休制度促进生育？那就需要确保延迟退休政策所增加的社会资源和财富一定用于提高生育水平方面，如出台相应的生育支持办法等。

从实证分析结果来看，在平均退休年龄越晚的 OECD 国家，生育水平相对更高。分析其原因发现，在生育支持方面可能受以下两方面因素的影响：其一，OECD 国家有一个相对成熟的育婴托幼市场。OECD 国家多为成熟的市场经济国家，市场经济发挥效力的一个重要渠道就是分工。在生育上，这些国家有一个相对完整的育婴和托幼市场，使得生育主体甚至生育主体的父母在继续工作时，有专门或更有效率的机构和人员照看孩子，从而促使继续就业（延迟退休等）的劳动者提高工作效率，增加家庭收入。不仅如此，完善的托幼机构和市场也降低了育婴成本，最终增进社会福利。其二，大部分 OECD 国家已经出台生育补贴办法。由于多数 OECD 国家过早进入少子化和老龄化阶段，所以国家从受孕、孕检、分娩到育托，从劳工、教育到社会福利等方面都有全方位补助。相比之下，当前的中国在生育支持方面尚缺乏较为成熟的托幼育婴市场以及相应的生育补贴办法，使得生育成本完全由家庭承担，延迟退休对生育水平的促进路径造成堵塞，难免引起民众和学者担忧延迟退休对生育的负面影响。

对于具体的生育补贴办法，可以从 OECD 国家获得的成就中汲取经验。如在英国，刚分娩的妇女可享有 39 周的带薪产假及额外没有工资的 13 周产假，产假结束后还可以回到原工作岗位或同等重要的工作岗位。澳大利亚是较早鼓励生育的国家之一，1912 年开始实施奖励新生婴儿的办法，2008 年每个新生婴儿奖励高达到 5000 美元。在法国，不仅母亲享有带薪产假，父亲也同样如此；无论是领养一个孩子，还是自己生育一个孩子，都可以一次性领取 4000 多法郎的生育津贴；孩子 3 岁之前，每月还可以额外领取 1000 法郎左右的津贴；如果母亲全职带小孩，单位也能为其留职 3 年；最后随着生育孩子数量的增加，不仅可以降低税负，还能优先和打折享用社会公共服务（沈可等，2012；兰海艳，2014；原新，2016）。

## 第五节　结论与政策启示

基于中国代际赡养的传统文化，以及当前学者、民众及政府对延迟退休在生育、未来就业等方面可能产生负面影响的担忧，本书充分考虑到中国统账结合与家庭混合的养老制度、生育的养老防老（投资）和传宗接代（消费）属性，在前人研究的基础上，通过引入延迟退休变量，建立一个要素内生的世代交叠模型，将延迟退休和退休后再就业等政策囊括在一个一般均衡的框架内考虑。首先，通过模型推演发现，相比退休后再就业对家庭养老的削弱和对生育水平的挤占，延迟退休改善了家庭养老状况，提高了家庭生育水平。其次，考虑到中国还没有实行延迟退休，已有微观数据又更多着眼于退休后再就业的生育效应分析，所以本书从国际上寻找经验和证据，论证延迟退休与生育的关系，进而为中国将要推行的延迟退休方案和配套性政策提供参考。经实证分析发现，平均退休年龄越大、总和生育率显著越高，即并非大家所担心的退休年龄越大、生育水平越低的情景。这说明至少从考虑中国国情的理论模型推演和国际经验上看，在延迟退休对生育的影响上，可能存在延迟退休促进生育或不降低生育的作用机制，即延迟退休通过提高社会劳动人口就业率，增加了社会可用于生育的资源，进而通过收入分配或生育补贴办法，提高家庭生育水平。与退休老人再就业获得的收入更多用于自身消费不同，延迟退休促进生育的关键是，延迟退休下增加的社会资源或产出用于支持生育，所以延迟退休有助于提高家庭生育水平，但是如果现实中代表性家庭或者政府不将延迟退休后获得的收入或资源用于生育方面，则很可能不会促进生育。

要保证延迟退休的开展促进家庭生育，同时尽可能消除民众、学者对延迟退休对生育水平负面影响的担忧，本书的理论模型推演和实证分析结果给我们的启示是，政府可以在建立健全生育支持政策方面有所作为：其一是加快公办幼儿园建设，规范和培育成熟的托幼育婴市场。改革开放以来，随着市场经济的发展，政府对托幼事业的投入逐渐减少，使得托幼机构的福利性质趋于淡化；尤其对于 3 岁以下的婴幼儿群体，国内几乎没有地方提供公共托幼服务，加上市场监管的缺失，致使托幼机构频繁发生虐童事件（胡湛和彭希哲，2012）。现阶段，婴幼儿的抚养与照料主要由家庭内部的妇女或老人全职负责实行延迟退休将使得这部分人群在工作与儿童照料上的负担大大加重，也极有可能对生育造成负面影响。为此，政府应积极将托幼服务纳入公共服务政策框架，对育儿公共资源进行优化配置。其二是出台表征为生育支持的生育补贴办法，实现家庭生育社会化。延迟退休有助于提高家庭生育水平，但要实现这一目的，关键在于确保延迟退休的社会产出从宏观和收入分配上必须有一部分转移到家庭生育支持上，而生育补贴可作为一种有效的生育支持手段。不仅如此，前文也已指出OECD 国家在延长退休年龄后生育水平反而上升，这也同其国内拥有比较健全的生育补贴制度紧密相关。例如，法国按照孩子的数量确定生育补贴的资格和补贴标准；日本依据孩子年龄确定育儿补贴的范围和额度（王颖和孙梦珍，2017）。目前我国尚未出台生育补贴制度，已有的生育津贴和生育医疗补助也难以有效地将社会资源转化到生育支持上，因此结合中国的实际情况，为保障延迟退休对生育的促进作用，应当在延迟退休政策实施时出台配套的生育补贴方案。

# 第二章　延迟退休的家庭福利效应

21世纪以来，由于医疗水平的提高和人均寿命的延长，以及受到计划生育政策的影响，我国人口老龄化问题日益加重。在银色浪潮下，老年人的生活状况和个人福利逐渐受到人们的关注。与此同时，日益增多的老年人口以及不断加重的养老负担，使得当前退休机制存在的不足日益显现。为了更好地应对公共养老金财政压力以及适龄劳动人口比例减少等问题，中央欲推出延迟退休政策。然而，多家调查机构和诸多学者的研究均发现，延迟退休遭到民众强烈反对。比如，在人民网2012年针对227.6万网民开展的延迟退休意愿调查中，有96.7%的被调查者对该政策持反对意见；而2013年中国青年报社会调查中心同样就此问题展开调查，结果显示，在25311人中有94.5%的受访者表示反对延迟退休政策；之后，中青报联合搜狐网于2016年再次开展民意调查，发现在169063位网民中，不愿意延迟退休的群体占比仍高达91.1%。与此同时，许多学者在实证研究中也得到类似结论，例如弓秀云（2018）通过对中国30个省份的劳动者抽样调查数据进行分析后发现，仅有5.51%的劳动者愿意延迟退休，且约有87%的男性和95%的女性表示希望在60岁以前退休；王军和王广州（2016）利用中山大学社会科学调查中心发布的中国劳动力动态调查（CLDS）数据进行分析后发现，城镇劳动力总体上呈现提前退休的倾向，其理想退休年龄均值低于我国法定退休年龄，愿意延迟退休的个体占比仅15%左右；而阳义南和肖建华（2018）基于2014年中国劳动力动态调查数据，采用潜分类模型对存在延迟退休意愿的人群进行识别后，发现赞成延迟退休的人群仅占37.95%。由上述调查可见，目前我国民众对于延迟退休具有强烈的抵触心理，延迟退休政策的推行遇到很大阻力。

该政策推行过程中之所以遇到很大阻力，是因为社会上对此持反对意见的群体多认为该政策可能会影响居民的幸福指数（鲁元平和张克中，2014；王琼和曾国安，2015），降低国民福利，这与以人为本的思想和实现人民幸福的中国梦内涵背道而驰。因此，探究延迟退休政策是否会对居民的幸福感产生负向影响以及具体的影响程度等科学问题，不仅关乎延迟退休政策是否需要推出、何时推出、对谁推出以及如何推出等公共决策，同时也已成为当前社会稳定与经济发展的重要议题。生活满意度是个人幸福感在认知层面的表现，它是个体对自身生活质量的主观评价（Shin 和 Johnson，1978），学者们多数用生活满意度来表征幸福感或者主观福利。

而国内外关于退休行为对主观幸福感的影响主要集中在对生活满意度的研究上。就退休对生活满意度的影响而言，目前与此相关的研究尚未得到一致的结论。部分学者认为，退休行为会显著提高居民的幸福感。比如 Elwell 等（1981）利用多期美国民意调查的数据进行研究，得出的结论为：退休会使老年人对自己的生活质量感到更加满意，且对男性的影响要显著高于女性；Jokela 等（2010）进一步佐证了上述观点，并认为退休增加了个体的闲暇时间，减轻了他们工作和竞争中的压力，因此有利于增加其主观幸福感；国内学者也得到类似结论，鲁元平和张克中（2014）利用四期中国社会综合调查数据（CGSS）进行实证研究后发现，退休对居民的幸福感有明显的促进作用，退休可以使个人的幸福感均值提升 0.047；王琼和曾国安（2015）基于 2013 年中国健康与养老追踪调查（CHARLS），利用 OLS 和 Ordered Probit 模型对这一问题从理论上和经验上进一步研究，同样发现退休可以显著增加居民的快乐感，并且，个人收入与闲暇两种资源作为退休过渡中的关键因素，对退休前后幸福感的变化具有重要作用。

然而，另一部分学者的研究结果却与之恰恰相反，他们认为，退休会对个人生活满意度产生显著的负面影响。比如 Boss 等（1987）通过对 1513 个男性样本进行经验研究后得出，退休行为对个人的生活满意度具有显著的消极作用，退休行为会降低老年人对自身生活状况的满意程度；Charles（2002）、Pinquart 和 Schindler（2007）分别解释了退休后生活满意度下降的机制，其一，个体的生活满意度在退休后会下降主要是由个人收入等关键资源的减少所致；其二，退休会使得个体在社会分工中的社会角色消失，会对其社会地位和身份认同感产生不利影响，易引发个体的消极情绪，进而使其生活质量下降；Szinovacz（2005）则从家庭关系的角度出发，得出结论：无论夫妻双方谁先退休，都会使其在家庭中的话语权下降，进而使其对生活的满意度下降，这表明退休过渡会降低已婚人员的幸福感；而国内部分学者也有类似发现，宋宝安和于天琪（2011）的研究指出，个人经济状况是影响老年人幸福感的最直接因素，退休会使得老年人的收入水平下降，进而对其生活满意度产生消极影响。

同时，还有一些学者的研究结果与上述两种立场皆不相同，认为退休对个人幸福感的影响是不显著的。Beck（1982）的经验研究结论显示，退休对生活满意度的变化并没有明显的作用，虽然退休与生活幸福感之间存在负二元关系，但退休对生活幸福感没有显著的净影响，这主要源于退休对个体来说是有利有弊的，在生命历程中属于中立事件。George（1993）的研究进一步佐证了该结论，他指出，根据角色理论，退休对个体的主观幸福感既有可能产生负向作用，也有可能产生正向影响，这取决于个体看待角色的视角，因此只着眼于退休对生活满意度的最终作用，很难得到显著结论。此不显著结果国内学者涉及较少，邓小清（2019）利用中国综合社会调查（CGSS）2005—2015 年的 8 次调查数据探究了退休对于不同群体幸福感的影响，最终发现退休对大多数社会群体的幸福感并无显著影响，仅对少数企业的女性的幸福感存在较为明显的促进作用。

综上，尽管上述研究已经取得一定成果，但是整体上关于退休行为对幸福感的研究尚未达成共识，同时在研究方法、研究内容上还存在以下可以拓展的空间：其一，在研究方法上，虽有诸多学者用模糊断点的方法研究退休对消费、健康、隔代照料以及劳动供给等问题的影响（雷晓燕等，2010；李宏彬等，2015；邹红和喻开志，2015；封进和韩旭，2017），但就中国的退休行为对主观幸福感的影响，已有学者（鲁元平和张克中，2014；王琼和曾国安，2015）多采用一般的OLS回归、有序Logit回归以及面板回归模型，对这一研究问题可能存在的内生性和样本选择偏误问题，采用模糊断点方法加以克服的工作还相对较少；同时就这一科学问题，在样本选取上，虽有学者王琼和曾国安（2015）采用2011年的CHARLS数据，但是多数学者采用CGSS数据，相比CGSS数据，CHARLS数据选取的样本是45岁以上的人群，更偏向中老年人群体，故在研究退休行为上，CHARLS数据更能够避免样本选择偏误造成的内部效度问题，因此可能会更合适一些。其二，在研究内容上，相比国外关于退休行为对幸福感的影响研究，国内虽然有鲁元平和张克中（2014）、王琼和曾国安（2015）等学者的研究，但是目前整体上国内学者针对退休与幸福感开展的研究不多，且相较于国外，中国进入老龄化时间较晚，使得目前国内外多数研究都是基于国外人口数据，很少有学者关注中国退休和生活满意度的影响，但是中国的国情和养老制度具有特殊性，退休是否会提高幸福感，需要深入研究。同时为使研究结果更加综合、全面以及稳健，除了基于退休制度本身的总体研究外，根据个体的不同特质进行分类研究还有深入的空间。鉴于此，本书选用2015年的CHRALS数据和模糊断点回归方法研究中国背景下的退休对幸福感的影响这一议题。

本书的可能贡献之处在于，其一，在学理上，梳理了国内外关于退休对幸福感影响的文献，丰富了国内关于中国退休行为对幸福感的研究，为退休对幸福感影响的进一步理论工作提供了经验素材；就退休对幸福感的影响，本书选用2015年的CHRALS数据和模糊断点回归的方法，可以比较好地规避样本选择性偏误和其他内生性问题，使研究结果更加稳健和可靠。其二，在政策上，本书以退休对个人生活满意度的影响为论题，通过断点回归等研究方法，探究退休决策会不会影响老年人对自身生活质量的满意程度，关乎延迟退休政策是否需要推出、何时推出、对谁推出以及如何推出等公共决策，将为延迟退休制度的推行及其相应配套机制的建立提供一定的科学依据和经验基础。

　　本章以上首先做了背景介绍和文献理论梳理，之后的内容主要包括：第一部分为数据、变量与模型设定，主要阐释数据来源、变量选取以及模型设定；第二部分为分析结果与讨论，主要阐述 OLS、Ordered Logit 和模糊断点回归（FRD）三种模型的回归结果和原因分析；第三部分为稳健性分析，主要包括对参考变量、协变量在断点处的连续性、不同样本区间回归结果的检验以及异质性分析；第四部分为结论与政策启示。

## 第一节　数据、变量与模型设定

### 一、数据来源

　　本书所用数据来源于 2015 年中国健康与养老追踪调查（China Health and Retirement Longitudinal Study，CHARLS）数据，该调查由北京大学中国社会科学调查中心主持开展，主要针对 45 岁以上的老年人口样本，其时效性强且质量较高，适合研究中老年人问题。对于所选样本，本书做了以下处理：①由于我国退休制度主要针对城镇职工，且相较于其他部门，机关事业单位、国有企业以及集体企业的退休政策执行更为规范，因此本研究在数据处理过程中仅保留了在这三种单位工作的职工样本；②我国退休政策规定男性职工退休年龄为 60 周岁，而女性职工则有女干部与普通职工之分，前者退休年龄为 55 周岁，后者则为 50 周岁。同时，由于女性职工多受配偶工作状况、家庭特征等因素的影响，其退休行为比较复杂，因此本研究仅保留了男性样本；③本研究剔除了生活满意度、年龄、是否退休等主要变量的缺失值，同时，只保留了年龄为 50～70 岁的个体，并剔除恰好 60 岁的个体，最终得到有效样本 821 个。

### 二、变量选取

　　根据王琼和曾国安（2015）的研究，本书选取个人自评生活满意度作为主要被解释变量来表征幸福感，该指标主要通过 CHARLS 问卷中健康状况和功能部分的问题 DC028 "总体来看，您对自己的生活是否感到满意" 得到。考虑到生活满意度是一个有序变量，同时为了使回归结果更为直观，我们在此对答案排列顺序进行重新赋值，数值大小即代表满意度高低，1～5 分别表示 "一点也不满意" "不太满意" "比较满意" "非常满意" "极其满意"。个体是否退休是本书的主要解释变量，由问卷中工作、退休和养老金部分的问题 FB011 "您是否办理了退休手续" 得到，我们将其设为虚拟变量，已办理退休手续则赋值 1，若个体未办理退休手续则赋值 0。在进行断点回归时，以年龄作为分组变量，为了更好地控制年龄效应，参考邹红和喻开志（2015）的研究，在数据处理过程中，仅保留了年龄为 50～70 岁的样本，同时剔除了年龄恰好为 60 岁的样本。

此外，个人的生活满意度是一项综合指标，它还受到其他多种因素的影响，就老年人的生活满意度而言，根据国内外研究结果，主要总结为以下几个方面。在经济状况方面，无论是客观经济状况还是对自身经济水平的主观感受，都会对老年人的生活满意度产生显著的正向影响（张文娟和纪竞垚，2018）；而在健康水平方面，学者们主要基于心理健康和身体健康两个不同的角度展开研究，Beck（1982）指出，作为退休前后显著变化的个人资源，身体健康状况对老年人的生活满意度有显著的正向作用，同时李建新和刘保中（2015）的研究表明，良好的心理健康水平同样具有显著的积极作用；而就个人特征而言，许多学者的研究都证实了性别、年龄、受教育水平和婚姻状况等因素会直接影响老年人对自身生活质量的评价；同时，对孙子女的照料、孙子女数量、参与公益活动等也会对老年人的生活满意度产生明显的影响（靳小怡和刘妍珺，2017；史薇，2017；刘亚飞和胡静，2017）。综合上述研究，个人特征、经济状况、健康水平等都会对个体的生活满意度产生影响。因此，为了检验回归结果的稳健性，本研究还选取婚姻状况、自评健康、是否参与社交活动、个人储蓄水平、存活子女以及孙子女数量等可能影响生活满意度的变量作为协变量。在进行模型设定之前，先进行基本统计性描述，展现变量的统计特征。

　　表2–1是对研究样本进行的描述性统计，分为全样本、已退休样本和未退休样本。其中，生活满意度为结果变量，其全样本均值为3.449，高于此变量设定中的"比较满意"水平，这表明所调查群体的整体生活满意度较高，而退休后较退休前样本而言，其生活满意度均值下降了0.11，说明退休可能对生活满意度产生负面影响，下文将进行进一步的规范探究。本研究中年龄为分组变量，其总体样本均值为59.001岁，已退休样本均值为65.429岁，未退休样本均值为54.244岁。为检验估计结果的稳健性，本研究还选取婚姻状况、自评健康、是否参与社交活动、个人储蓄水平、存活子女以及孙子女数量等可能影响生活满意度的变量作为协变量。由表2–1可见，在受教育年限上，已退休样本的受教育年限均值明显短于未退休样本，二者相差约1.2年；而在婚姻状况上，相较于未退休样本，已退休群体的单身率较低；就健康状况而言，未退休群体健康水平较好；同时，由表2–1中的数据可以发现，退休使得个人年储蓄均值大幅下降，下降数额近2万元；最后，已退休样本的存活子女及孙子女数量明显多于未退休样本。

表2–1　描述性统计

| 变量 | 全样本 | 已退休 | 未退休 |
|---|---|---|---|
| 生活满意度 | 3.449<br>(0.728) | 3.386<br>(0.735) | 3.496<br>(0.721) |
| 年龄 | 59.001<br>(6.075) | 65.429<br>(2.811) | 54.244<br>(2.973) |
| 受教育年限 | 8.988<br>(3.508) | 8.332<br>(3.508) | 9.53<br>(3.419) |
| 婚姻 | 0.922<br>(0.269) | 0.927<br>(0.26) | 0.918<br>(0.275) |
| 自评健康 | 2.294<br>(0.611) | 2.208<br>(0.613) | 2.358<br>(0.603) |

| 变量 | 全样本 | 已退休 | 未退休 |
|------|--------|--------|--------|
| 社交活动 | 0.736 | 0.685 | 0.774 |
| | (0.441) | (0.465) | (0.419) |
| 个人储蓄 | 44801.05 | 33212.07 | 53392.01 |
| | (293000) | (72745.48) | (38200) |
| 存活子女 | 1.764 | 1.866 | 1.677 |
| | (1.069) | (1.102) | (1.034) |
| 孙子女数量 | 1.427 | 1.887 | 1.036 |
| | (1.43) | (1.473) | (1.269) |

注：括号内为标准误差。

## 三、模型设定

为了探究退休是否会对个人的生活满意度产生影响并确定具体的影响程度，本书首先采用 OLS 和有序 Logit 模型进行初步回归，但是这两种方法的回归结果可能会存在内生性等问题，导致我们无法确定退休前后生活满意度的变化是否源于退休行为本身，最终这两种模型下的回归结果可能存在内部效度问题。

考虑到实验方法是推断因果关系最有效的方法。为了解决此问题，本书采用模糊断点回归（Fuzzy Regression Discontinuity，FRD）实验的方法克服上述的内生问题，以对上述科学问题进行求证。其基本思想是，一个原因变量（$D$）完全由某参考变量（$X$）是否超过某断点所决定。如果此时该参考变量（$X$）会对结果变量（$Y$）产生影响，则假设二者之间的关系是连续的，且其他可能影响结果的因素在断点处也是连续的，那么结果变量在断点处的跳跃就可解释为是由原因变量（$D$）造成的。断点回归方法分为精确断点回归和模糊断点回归两种类型，精确断点回归的特征是在断点 $X = x_0$ 处个体得到处理的概率从 0 跳跃为 1；但在许多情况下，原因变量往往会因受到研究者无法观测到的其他因素影响，并不完全由参考变量决定，这时采用模糊断点回归方法更为合适，即个体在断点 $X = x_0$ 处得到处理的概率从 $a$ 跳

跃到 $b$，其中 $0 < a < b < 1$。根据我国国情，在现行的退休政策下，并非所有个体都会选择在法定退休年龄退出劳动力市场，由于受到工作类型、健康状况等因素的影响，有人会选择提前退休，也有人会在达到退休年龄后继续工作。因此，对于男性职工样本，其退休率在断点 $x = 60$ 处并不是直接从 0 跳跃到 1，而是更符合模糊断点回归的特征。

根据 Hahn 等（2001）的研究定理，我们可以得到退休制度对顺从者个人生活满意度的平均处理效应：

$$E[\tau_i \mid X_i = x_0] = \frac{\lim\limits_{x<0} E[Y_i \mid X_i = x_0] - \lim\limits_{x>1} E[Y_i \mid X_i = x_0]}{\lim\limits_{x<0} E[D_i \mid X_i = x_0] - \lim\limits_{x>1} E[D_i \mid X_i = x_0]}$$

$$(2-1)$$

其中，指派变量 $X_i$ 为样本年龄与断点 60 岁之间的距离，结果变量是样本的生活满意度水平，处理变量 $D_i$ 定义为是否退休，若是，则 $D = 1$；若否，则 $D = 0$。我们基于式（2-1）对退休样本与未退休样本之间生活满意差异，即处理效应进行估计。

根据 Lee 和 Lemieux（2009）的思想，由于我国的退休年龄是由法律规定的，不可人为更改，所以具有外生性。结合本研究的内容，我们以所选取的男性样本是否达到 60 岁作为研究的工具变量，位于 60 岁前后的样本分别为处理组和控制组。在此根据 Imbens 和 Lemieux（2008）的方法，参考邹红和喻开志（2015）的模型设定，利用两阶段最小二乘得到模糊断点估计量，模型具体设定如下：

$$Y = \beta_0 + \beta_1 R + F(S) + \varepsilon \qquad (2-2)$$

$$R = \alpha_0 + \alpha_1 D(S > 0, D = 1) + G(S) + \mu \qquad (2-3)$$

式（2-3）为第一阶段回归方程，其中，$R$ 为不同年龄的退休率；$\alpha_0$ 为截距项；$\alpha_1$ 为参数，是对顺从者（按制度规定退休人群）所占比例的估计；$D$ 为分组变量，用来反映个体所处的年龄与断点之间的关系，其中 $S$ 为样本年龄断点差，当户主年龄差大于 0 时，$D$ 的取值为 1，反之取 0；$G(S)$ 为关于 $S$ 的多项式，是 $S$ 对 $R$ 的影响函数；$\mu$ 为随机误差项。式（2-2）为第二阶段回归，$Y$ 为样本在不同年龄上的生活满意度水平，$\beta_0$ 为截距项参数；$\beta_1$ 为参数，其代表平均处理效应的估计值，$F(S)$ 同为关于 $S$ 的多项式，是 $S$ 对 $Y$ 的影响函数；$\varepsilon$ 代表随机误差项。

根据秦雪征等（2015）的研究，参数估计方法只是提供了一个近似的估计值，但不一定是最优估计值，更为符合直觉的是采用非参数方法中的核密度估计法，因此下文主要采用此估计方法。

# 第二节　分析结果与讨论

本节我们将呈现退休对幸福感影响的实证结果，回答本研究的科学问题。我们首先展示利用 OLS 与 Ordered Logit 模型进行的初步回归结果，具体见表 2-2。为排除内生性问题，使估计结果更为准确、有效，我们利用模糊断点回归方法进行再次估计，具体回归结果见表 2-3。

## 一、基本回归结果

表 2-2 为基本回归结果，其中模型（1）和模型（2）为 OLS 回归结果，模型（3）和模型（4）为 Ordered Logit 回归结果，模型（1）和模型（3）为未加控制变量结果，而模型（2）和模型（4）为加入控制变量后的回归结果。

表 2-2　基本回归结果

|  | OLS | | Ordered Logit | |
| --- | --- | --- | --- | --- |
|  | （1） | （2） | （3） | （4） |
| 退休 | -0.076 | -0.039 | -0.211 | -0.035 |
|  | (0.049) | (0.114) | (0.133) | (0.325) |
| 年龄 |  | 0.002 |  | -0.005 |
|  |  | (0.010) |  | (0.028) |
| 受教育程度 |  | -0.006 |  | -0.020 |
|  |  | (0.010) |  | (0.030) |
| 婚姻状况 |  | 0.068 |  | 0.117 |
|  |  | (0.118) |  | (0.354) |

| | OLS | | Ordered Logit | |
|---|---|---|---|---|
| | (1) | (2) | (3) | (4) |
| 健康 | | 0.383 *** | | 1.104 *** |
| | | (0.059) | | (0.186) |
| 储蓄 | | 0.019 | | 0.048 |
| | | (0.307) | | (0.362) |
| 社交活动 | | -0.021 | | -0.109 |
| | | (0.090) | | (0.264) |
| 孙子女数量 | | 0.018 | | 0.068 |
| | | (0.033) | | (0.095) |
| 存活子女 | | 0.040 | | 0.135 |
| | | (0.042) | | (0.121) |

注：*** 、** 和 * 分别表示在1%、5%和10%的水平上显著；括号内为标准误差。

由表2-2可见，OLS回归和有序Logit回归的估计结果在系数符号与显著性上是较为一致的。在四列估计结果中，退休并没有显著地提升幸福感，甚至退休对生活满意度的影响为负向，但是整体上不显著。这表明，虽然退休会对个人的生活满意度产生消极影响，但作用效果并不明显。那么，为什么退休对个人的主观幸福感没有显著影响呢？从经济学角度来说，个体对生活的满意程度与其个人效用的实现密切相关，而个人效用的实现又是一种合理配置有限资源的过程，这便意味着个人效用的满足状况很大程度上取决于个人拥有的资源数量。而退休作为一种个体的行为决策，会使个人拥有的资源，如收入、健康、社交活动等，产生明显的存量变化，但是对于不同的具体资源，退休对它们的影响方向有所不同，一部分资源会增加，一部分资源会减少，因此会对个人效用的实现产生利弊皆存的作用效果，二者相互抵消，则如Beck（1982）研究结果所示，退休对个人生活满意度影响的净效应近乎为零，这是产生上述回归结果的另一个重要原因。同时，虽然退休前后的收入水平与生活状况会有明显差异，但个人对实现自身效用的需求层次与评判标准也会随着生活环境的变迁而改变。例如，就个人财富而言，其在个人退休之后多呈下降趋势，但已退休个体对财富的需求程度会低于未退休个体，个人资源的下降与个人需求水平的降低相互平衡，使得个人效用的满足状况不会有太大改变。然而表2-2结果是没有克服内生性情况下的回归结果，其中可能存在内生性等问题，因此回归结果可能并不稳健，下文将通过模糊断点回归方法在克服内生性情况下进行深入研究。

表2-2估计结果显示，就控制变量而言，个体的健康状况对其生活满意度的影响在0.1%的水平上显著为负，两模型估计系数分别为0.383和1.104。这表明，个体的生活满意度与其健康水平密切相关，健康状况较好的个体的生活满意度会明显高于健康水平较差的个体，这与Beck（1982）的研究结论一致。除健康水平外，其余控制变量的估计系数皆不显著。在影响方向上，受教育程度与社交活动会对个人生活满意度产生负向影响，即在其他条件不变的情况下，受教育程度高和参与社交活动较多的个体，其生活满意度会低于受教育程度偏低和较少参与社交活动的个体，但差别并不明显；而婚姻状况、个人储蓄、子女以及孙子女数量等控制变量则会对个人生活满意度产生正向影响。

## 二、模糊断点回归结果

表2-3汇报了FRD的估计结果，第（1）列所示为标准FRD估计结果，未加入协变量；为了控制其他因素对生活满意度的影响并检验估计结果的稳健性，我们在表2-3中第（2）列加入协变量进行回归，协变量包括婚姻状况、自评健康、是否参与社交活动、个人储蓄水平、存活子女以及孙子女数量等；此外，表2-3第（3）、（4）列为不同带宽下的估计结果。

表2-3　FRD估计结果

| 估计量及设定 | （1） | （2） | （3） | （4） |
|---|---|---|---|---|
| 生活满意度变化 | -0.276<br>(0.337) | -0.171<br>(0.542) | -0.117<br>(0.150) | -0.060<br>(0.202) |

| 估计量及设定 | （1） | （2） | （3） | （4） |
|---|---|---|---|---|
| 退休率变化 | 0.564 ** | 0.474 *** | 0.542 *** | 0.537 *** |
| | (0.198) | (0.105) | (0.086) | (0.116) |
| 加权 LATE | −0.489 | −0.361 | −0.216 | −0.111 |
| | (0.630) | (1.137) | (0.280) | (0.378) |
| 是否加入协变量 | 否 | 是 | 否 | 否 |
| 内核选择 | 三角内核 | 三角内核 | 三角内核 | 三角内核 |
| 带宽选择 | 2.4 年 | 2.4 年 | 1.2 年 | 4.8 年 |
| 样本量 | 821 | 821 | 821 | 821 |

注：***、** 和 * 分别表示在 1%、5% 和 10% 的水平上显著；括号内是标准误差；加权 LATE 根据非参数估计方法获得；已剔除年龄为 60 岁样本，避免退休前后生活满意度混淆。

由表 2 - 3 可以看到，第（2）~（4）列结果与第（1）列估计结果无明显差别，退休并没有显著提升个人幸福感，甚至退休使得个人的生活满意度呈负向变化，但整体上这一作用效果并不显著；而断点两侧的样本在 60 岁时的退休率显著上升，跳跃幅度在 50% 左右。根据局部 Wald 估计方法，我们得到退休对生活满意度的影响，即在顺从者中退休制度对个人生活满意度的平均处理效应。由表 2 - 3 可以看出，对于顺从退休制度的个体而言，虽然其生活满意度会呈下降趋势，但估计结果并不显著。由此可见，退休并不会对个人生活满意度产生显著影响。

此结果虽然与 Boss 等（1987）提出的退休对个人生活满意度具有显著正向影响和 Elwell 等（1981）研究得出的退休对个体生活满意度存在显著负向作用有所差异，但却与 Beck 等（1982）学者的研究结论相契合。本研究认为，之所以会存在上述研究结果差异，除了样本的选取与处理及研究方法的设定有所不同外，主要在于退休制度对个人来说本就是有利有弊的。在经济学理论中，个体决策是为了在有限资源条件下实现效用最大化的结果，某种程度上退休行为也可被视为个体决策，那么退休对个人生活满意度的影响便可用个人效用实现状况的变化来进行解释。就目前国内外研究结果而言，虽然关于退休对个人生活满意度的影响方向和效果显著性仍没有一致结论，但学者们普遍承认退休前后个人生活满意度的变化产生的原因主要在于：退休决策会导致个人资源产生变化，进而引起个人效用实现水平的变化，从而影响个体对生活的满意度。例如，Charles（2002）研究发现，个体的生活满意度在退休后会下降主要由个人收入等关键资源的减少所致，但 Gall 等（1997）研究结果则表明退休前后健康状况等个人资源的改善会使个人生活满意度显著提高。双方不同的结论恰好印证了 Luhmann 等（2012）所提出的观点，即退休事件在个体生命历程中是有利有弊的中立事件，这也是本研究中退休对生活满意度影响的回归结果不显著的重要原因。

# 第三节  稳健性分析

在断点回归（FRD）模型估计完成后，为了保证估计结果的稳健性，需要对模型进行以下检验。首先，根据 Lee 和 Lemieux（2010）的研究内容可知，断点回归设计需要满足局部随机化假设，即个体不能精确地控制参考变量，否则断点回归将失效。因此，本研究根据 McCrary（2008）提出的检验方法，通过判断样本年龄分布在断点处是否连续来检验其是否符合局部随机化的假设。其次，如果协变量的分布在断点处也存在"跳跃"，便不能证明结果变量在断点处的"跳跃"是源于原因变量的影响，断点回归设计同样会失去效果，所以我们需要对协变量在断点处的连续性进行检验。在主回归的结果中，本研究已经根据不同的带宽进行了回归，结果并无显著差异，下面我们将根据李宏彬等（2015）的研究，选取不同的样本区间进行回归，进一步检验结果的稳健性。最后，我们将依据个人储蓄、健康水平以及存活子女数量三个变量分组，进行异质性分析。

## 一、指派变量密度分布的连续性检验

在进行断点回归时，需检验是否存在内生分组，如果个体事先知道分组规则，并可通过自身努力而完全控制分组变量，则可自行选择进入处理组或控制组，导致在断点附近的内生分组而非随机分组，引起断点回归失效。本研究根据 McCrary（2008）的计算方法，通过检验指派变量的密度函数在断点处的连续性，考察是否存在对指派变量的精确控制。按照 McCrary（2008）的计算方法，图 2 - 1 给出了指派变量，即样本个体年龄距离断点的时间密度分布。从图 2 - 1 中可以看出，无论密度函数曲线还是其置信区间，在断点处都几乎重合，即没有显著的跳跃。同时，断点前后的密度差异为 0.255，标准误差为 0.348，这说明样本个体的年龄分布是连续和平滑的，即个体没有对分组变量进行精确操控。

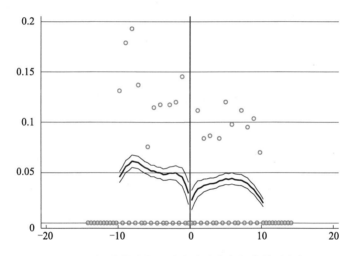

**图 2 - 1  研究样本年龄的密度分布在断点前后变化**

## 二、主要控制变量的连续性检验

为保证回归结果的可信性，还需要对其他控制变量进行检验，包括受教育程度、婚姻状况、自评健康、是否参与社交活动、个人储蓄水平、存活子女以及孙子女数量。如果这些控制变量的密度分布函数在断点处也存在"跳跃"，那么结果变量的"跳跃"就不能被处理变量的"跳跃"完全解释，从而因果推断也就失去效力。为此，我们利用断点回归中局部线性回归的思想，将原来的结果变量替换为这些协变量，并得到表 2 - 4 中这些控制变量在断点前后的变化值。由

表 2-4 中的结果可以看出，这些变量在断点前后均没有发生显著的变化，这进一步验证了研究结论的可信性。

表 2-4  对主要控制变量的连续性检验

| 主要控制变量 | Coef. | Std. Err. | z | P > z | 95% Conf. | Interval |
|---|---|---|---|---|---|---|
| 受教育程度 | 1.120 | 1.890 | 0.590 | 0.554 | -2.585 | 4.824 |
| 婚姻状况 | -0.004 | 0.127 | -0.030 | 0.972 | -0.252 | 0.244 |
| 自评健康 | 0.163 | 0.301 | 0.540 | 0.587 | -0.426 | 0.752 |
| 社交活动 | -0.164 | 0.227 | -0.730 | 0.468 | -0.609 | 0.280 |
| 个人储蓄 | 26825.830 | 26225.220 | 1.020 | 0.306 | -24574.66 | 78226.320 |
| 孙子女数量 | 0.628 | 0.752 | 0.830 | 0.404 | -0.846 | 2.102 |
| 存活子女 | 0.527 | 0.618 | 0.850 | 0.394 | -0.684 | 1.738 |

## 三、不同样本的估计结果

为检验结果的稳健性，本研究选用不同年龄区间的样本来考察退休对个体生活满意度的影响，表 2-5 展示了其具体回归结果。在第（1）~（4）列中，逐渐剔除更多年龄远离 60 岁的样本。（1）为 52~68 岁样本，（2）为 53~67 岁样本，（3）为 54~66 岁样本，（4）为 55~65 岁样本。由表 2-5 可见，虽然随着样本区间的扩大，估计值的显著性下降，但就退休对生活满意度而言，四个不同样本区间下的回归结果与主回归结果的系数符号和显著性皆一致，表明本研究之前得到的回归结果是较为稳健的。

表 2-5  使用不同样本的估计结果

| 年龄范围 | (1) | (2) | (3) | (4) |
|---|---|---|---|---|
| | [52, 68] | [53, 67] | [54, 66] | [55, 65] |
| 生活满意度变化 | -0.064 | -0.066 | -0.067 | -0.276 |
| | (0.235) | (0.243) | (0.243) | (0.337) |
| 退休率变化 | 0.552*** | 0.554*** | 0.554*** | 0.564** |
| | (0.135) | (0.140) | (0.140) | (0.198) |

| 年龄范围 | (1) | (2) | (3) | (4) |
|---|---|---|---|---|
|  | [52, 68] | [53, 67] | [54, 66] | [55, 65] |
| 加权 LATE | -0.117 | -0.118 | -0.121 | -0.489 |
|  | (0.428) | (0.440) | (0.441) | (0.630) |
| 样本量 | 720 | 617 | 528 | 466 |

注：*** 、** 和 * 分别表示在 1%、5% 和 10% 的水平上显著；括号内是标准误差；加权 LATE 根据非参数估计方法获得；已剔除年龄为 60 岁样本，避免退休前后生活满意度混淆。

## 四、基于不同样本的异质性分析

为观察上述结果在不同样本之间是否存在异质性，我们根据个人储蓄、健康水平以及存活子女的不同进行分组，分别进行回归。根据个人储蓄水平是否大于均值进行异质性分析，得出表 2-6 第 (1) ~ (4) 列估计结果，第 (1)、(2) 列为个人储蓄大于均值样本的情况，第 (3)、(4) 列则为个人储蓄小于均值样本的估计结果，其中第 (1)、(3) 列未加入控制变量，第 (2)、(4) 列为加入控制变量后的估计结果；同样，根据是否健康，我们再次将样本分为两组，第 (5)、(6) 列为不健康的样本估计结果，第 (7)、(8) 列则为健康的样本最终结果，其中第 (5)、(7) 列未加入控制变量，第 (6)、(8) 列为加入控制变量后的估计结果；最后，我们再根据存活子女数量进行异质性分析，表 2-6 中第 (9)、(10) 列和第 (11)、(12) 列分别为存活子女大于均值的样本和存活子女小于均值的样本最终估计结果，第 (9)、(11) 列未加入控制变量，第 (10)、(12) 列则加入了控制变量。

表 2-6　异质性分析

| 个人储蓄 | 个人储蓄大于均值 | | 个人储蓄小于均值 | |
|---|---|---|---|---|
|  | (1) | (2) | (3) | (4) |
| 生活满意度变化 | 0.360 | 0.580 | -0.264 | -0.346 |
|  | (0.399) | (0.379) | (0.270) | (0.498) |

| 个人储蓄 | 个人储蓄大于均值 | | 个人储蓄小于均值 | |
|---|---|---|---|---|
| | （1） | （2） | （3） | （4） |
| 退休率变化 | 0.761 *** | 0.695 *** | 0.522 ** | 0.330 |
| | (0.189) | (0.123) | (0.172) | (0.253) |
| 加权 LATE | 0.473 | 0.834 | − 0.506 | − 1.051 |
| | (0.542) | (0.583) | (0.554) | (1.603) |
| 是否加入协变量 | 否 | 是 | 否 | 是 |
| 样本量 | 230 | 230 | 591 | 591 |
| 健康水平 | 健康水平大于均值 | | 健康水平小于均值 | |
| | （5） | （6） | （7） | （8） |
| 生活满意度变化 | − 0.033 | − 0.246 | − 0.222 | − 0.347 |
| | (0.324) | (0.525) | (0.344) | (0.579) |
| 退休率变化 | 0.740 *** | 0.533 *** | 0.417 * | 0.467 *** |
| | (0.213) | (0.127) | (0.187) | (0.119) |
| 加权 LATE | − 0.045 | − 0.462 | − 0.534 | 0.743 |
| | (0.439) | (0.985) | (0.868) | (1.302) |
| 是否加入协变量 | 否 | 是 | 否 | 是 |
| 样本量 | 318 | 318 | 503 | 503 |
| 存活子女 | 存活子女大于均值 | | 存活子女小于均值 | |
| | （9） | （10） | （11） | （12） |
| 生活满意度变化 | − 0.136 | 0.278 | 0.102 | − 0.348 |
| | (0.293) | (0.548) | (0.368) | (0.378) |
| 退休率变化 | 0.639 *** | 0.598 *** | 0.320 | 0.446 *** |
| | (0.163) | (0.114) | (0.226) | (0.109) |
| 加权 LATE | − 0.213 | 0.466 | 0.317 | − 0.779 |
| | (0.457) | (0.934) | (1.093) | (0.857) |
| 是否加入协变量 | 否 | 是 | 否 | 是 |
| 样本量 | 605 | 605 | 216 | 216 |

注：*** 、** 和 * 分别表示在1%、5%和10%的水平上显著；括号内是标准误差；加权
LATE 根据非参数估计方法获得；已剔除年龄为 60 岁样本，避免退休前后生活满意度混淆。

　　居民的个人财富与其生活满意度密切相关。因此，在进行异质性
分析时，我们首先探究财富对个人在退休前后生活满意度的影响，在

此用个人储蓄来表征其财富水平。由表 2 - 6 中第 （1） 列和第 （3） 列的估计结果可以看出，当个人拥有较多财富时，其生活满意度在退休后会有上升趋势，而财富较少的个人，其退休后生活满意度会有下降趋势，这说明财富水平作为退休前后变化的个人资源，对个人生活幸福感具有积极的正向作用。在加入协变量后，我们得到第 （2） 列和第 （4） 列估计结果，其系数方向与未加入协变量前估计结果相同，但这四列估计结果均不显著，与主回归结果一致；而就健康水平而言，健康样本和不健康样本的生活满意度在退休后的变化方向并无区别，皆呈负向，但不健康的样本生活满意度均值下降幅度明显大于健康样本的下降幅度，在加入控制变量后，得到类似结果，这表明健康水平较差的个体退休后可能会比较为健康的个体对自己的生活质量感到更加不满意，但估计结果仍然是不显著的。最后，由根据存活子女进行的异质性分析结果可以看出，退休使得存活子女较少的老人生活满意度呈上升趋势，却可能使存活子女较多的老人对生活变得更加不满意，这种结果的部分原因可能在于家庭关系的处理不恰当和家庭赡养与照料不完善，然而在加入控制变量后退休行为的作用方向却与未加入控制变量恰恰相反，且四列的估计结果均不显著，这说明存活子女数量这一特质并不会对退休前后个人生活满意度的变化产生明显的影响。

## 第四节　结论与政策启示

为了增强养老金的可持续性，减轻财政压力，政府欲推出延迟退休政策。但是多次民意调查结果和许多学者的研究均发现，多数民众反对延迟退休，而他们反对延迟退休的原因之一便是担忧延迟退休会降低自身福利，即民众认为退休会使自己变得更加幸福，因而更加愿意退休甚至提前退休，进而反对延迟退休。在此背景下，探究退休制度是否会对居民的幸福感产生负向影响以及具体的影响程度，关乎当前是否推出延迟退休、何时推出、对谁推出以及如何推出等公共决策。那么退休真的会使民众变得更加幸福吗？为回答这一科学问题，本研究选取生活满意度这一衡量居民主观幸福感的重要指标作为被解释变量，利用 2015 年中国健康与养老追踪调查（CHARLS）数据，通过一般的 OLS、有序 Logit 模型以及模糊断点回归（FRD）三种方法分别探究退休是否会对老年人的生活满意度产生影响。经研究发现，退休至少不会显著地使民众变得更幸福，甚至退休可能会降低民众的幸福感，但是整体上退休行为对居民幸福感没有显著的影响。这与 George（1993）、邓小清（2019）的研究较为相似。在进行进一步稳健性检验后，上述结论依然可靠。同时根据个人财富、健康水平以及存活子女三个特质进行异质性分析后，发现分群体样本间并没有显著差异。由此可见，退休行为并不会明显地提升居民对自身生活质量的评价。那么，为什么退休没有显著地提升民众的幸福感呢？根据 Beck（1982）以及 George（1993）的解释，造成该结果的主要原因在于，退休作为一种个体行为决策，其对个人效用的实现具有中立作用，即针对个人拥有的不同资源，如收入、健康、社交等，退休制度对它们的作用方向是不同的，这也使得退休决策在不同的角度对个人生活满意度的作用效果是有所差异的。作为有利有弊的事件，退休在个人离开工作岗位后的正负向作用相互抵消，使得最终对老年人的生活满意度的作用效果并不明显，正如 Beck（1982）的研究所示，退休对老年人生活满意度的净效应近乎为零，因而导致模型的估计结果并不显著。

综合上述内容可以看出，就个体的生活满意度而言，虽然退休制度的干预会使其出现下降的趋势，但并不会产生显著的影响，这意味着延迟退休政策的推行可能并不会显著降低老年人的主观幸福感，这与现实民众反对延迟退休有所不同。既然没有显著降低其幸福感，那么民众为什么会反对呢？笔者认为其原因主要有两点：其一，退休对幸福感的影响只有退休以后才能感受到，而媒体在针对延迟退休意愿调查时选取的对象和参与问卷调查研究的人群，多为未退休的人群，这便使得媒体的调查和学者的研究普遍存在样本选择的偏误；其二，生活满意度是生活的综合方面，民众反对延迟退休的原因是多方面的，多数学者（Stock 和 Wise，1990；彭浩然，2012；Fanti，2014；

封进和韩旭，2017）也发现，延迟退休会损害居民的其他福利，比如降低个人养老金财富、影响家庭照料等。这意味着，我们在推行延迟退休政策的同时，需要建立合理的配套机制，以避免延迟退休对部分群体的总体福利以及部分群体的某一个方面福利的损害，进而减轻延迟退休政策推行的阻力。上述研究的政策启示主要有以下三点：其一，为解决人口老龄化、适龄劳动力人口数量下降以及社会养老基金财政压力等问题，应尽快出台延迟退休方案；其二，尽管退休并不一定会提升个人的幸福感，甚至可能对其幸福感产生负面影响，但是未退休的多数民众仍然更愿意正常退休，因此，若想更顺利地推行延迟退休政策，便需要加强对社会群众的宣传教育，促进其理性抉择；其三，考虑到民众反对延迟退休政策的原因是多方面的，还会受到以下诸多因素的影响，如退休制度会造成家庭照料资源需求的增加、养老制度的不公平性、挤占就业、养老金财富问题，所以在推行延迟退休这一决策的过程中，必须要制定合理的配套政策以解决民众的后顾之忧。

# 第三章 延迟退休的劳动供给效应

随着"二战"以后的婴儿潮世代开始步入老年，老龄化问题越来越成为困扰各个国家的难题。相比发达国家经历的"先富后老"路径，一些发展中国家如中国却面临着"未富先老"的严峻考验。2000年中国65岁及以上老年人口为0.882亿，占总人口比重为6.9%，按照国际7%的标准，中国已开始迈入老龄化国家队列。截至2018年底，中国65岁及以上人口达1.666亿，占总人口的比重上升到11.938%。2018年以后，伴随着"60后"婴儿潮一代的逐步退休，老年人口开始急剧增加，有学者预测到2040年左右，65岁及以上老年人口位居世界第一，且占总人口的比重将超过20%，2050年达24%，2060年达30%，随后，中国将长期处于人口老龄化的高原状态。适龄劳动人口数量的减少、老年人口数量的增加，人口结构老化问题日益加剧，推动中国经济持续增长的动力引擎——人口红利将逐步消失（高建昆，2012）。自2008年以来，我国经济增速不断下行，尤其是近3年GDP增长率梯度下行并跌破7%。为了规避适龄劳动人口下降给经济增速带来的负面影响，延迟退休政策成为学者关注的研究焦点，以此成为缓解劳动力不足和维持中国经济增长的重要抓手。但是延迟退休方案真能增加有效劳动供给吗？不进行延迟退休真的会减少劳动供给吗？对这个问题的回答，关乎未来增加劳动供给和促进经济增长的政策有效性，进而关乎两个百年目标的顺利实现。

退休与中老年人劳动供给的关系一直受到学界的广泛关注。郭凯明和颜色（2016）认为居民退休行为决定了人口的劳动参与率，Feldstein（1974）以及Quinn（1977）认为退休是从全职工作直接退出而完全享受闲暇，退休是劳动力参与的特殊情况，退休会造成劳动参与率的显著下降，Giles 等（2015）基于中国健康与养老追踪调查（CHARLS）数据采用国际比较的方法，考察了中国 45 岁以上人口的就业模式，进行经验研究后发现，中国城镇女性在 50 岁、55 岁，男性在 60 岁都有一个明显增加的退休率，劳动参与率显著下降，Giles 等（2011）利用中国健康与营养调查（China Health and Nutrition Survey，CHNS）得到了类似的结论；国内学者封进和韩旭（2017）通过 CHARLS 数据，采用双变量二元选择模型，考察了制度退休对家庭照料和劳动参与的影响，进一步佐证了上述观点，发现退休后男性和女性的劳动参与率均有显著下降，中国劳动力退休行为明显受到强制性退休年龄的影响。多数劳动者退休之后之所以会退出劳动力市场，可能源于健康状况不佳、预期工资收入下降、非工资收入提高以及提供照料的可能性增加等原因（Lumsdaine 和 Vermeer，2015；封进和韩旭，2017；罗双成等，2019）。

但也有一些研究发现，越来越多的退休中老年人正在重新进入劳动力大军（Sullivan 等，2018；Furunes 等，2015；Tunga 和 Arthur，2008）。Ruhm（1990）基于社保局退休历史纵向调查（RHLS）的六次户主数据，采用普通最小二乘法，考察从全职工作到退休的过程演进，通过研究发现，老年人口从退休到停止工作的过程是搭桥就业、部分退休和反向退休的组合，进一步指出只有不到五分之二的人群直接从工作岗位上退休，停止工作；程杰（2014）基于 CHARLS 数据，采用简单线性回归方法，考察中国"退而不休"劳动者的影响机制问题，通过经验研究后发现，现阶段我国退休者的再就业率高于 30%，比率高于同期 OECD 国家平均水平，与美国的就业率相当。张川川（2015）基于 CHARLS 数据，采用断点回归方法，考察了"新农保"养老金收入对老年人的劳动供给的影响后发现，有相当一部分人选择在办理退休手续后继续留在劳动力市场再就业。

为什么退休人群会继续留在或重返劳动力市场呢？对于这一点，现有研究主要从以下三个方面进行解释：一是出于生计需要，部分老年人可能面临养老金不足和生活成本高的压力，出于生计需要不得不继续工作。研究表明，美国和欧盟国家中大约有五分之一的老年人因为从其他渠道获得的收入不足以维持生计而需要在退休后选择继续工作（Kostol 和 Mogstad，2013）。中国老年人也多出于经济动因而选择继续工作（程杰，2014）。二是出于交往和自我实现需要。退出劳动力市场意味着工作驱动的外部联系突然中断，老年人同样有通过工作保持与同事、客户和社会密切联系的需要，能够有机会实现自己的人生价值。至少五分之三的老年人是因为他们想去工作而选择继续工作（Heaphy 和 Dutton，2008）。随着预期寿命的增加，这种继续工作的内在动力明显增强，而经济方面的外在动力明显减弱（Inceoglu 等，2012）。三是随着全球老龄化趋势快速发展，劳动力短缺问题使老年人有更多的工作机会（Grant，2005）。而中国老年人口退休时，其健康状况、人力资本水平在劳动力市场中仍具有一定优势，他们在享受养老金的同时继续工作获得收入是一个较为理性的选择（程杰，2014）。

现有研究对中老年人口退休对劳动供给的影响较为充分，但在研究内容和研究方法上仍有可以完善的空间。一是在研究内容上，现有研究多侧重从劳动参与角度对中老年人退休后劳动行为进行分析，关于退休政策对劳动时间的研究仍然较为缺乏。考虑到劳动参与仅仅是劳动供给的一个方面，退休对劳动参与的研究结论可能有别于退休对劳动供给时间的研究发现（Markus 等，2018），以及劳动参与率和劳动时间分别表征了劳动供给的广度和深度，且相比劳动力参与，工作时间被认为是衡量劳动供给更为准确的指标（Joseph 和 Christina，1986；Ashenfelter 和 Orley，1984），因此从劳动时间角度进行研究是对退休与中老年人劳动供给因果关系研究的深度挖掘。二是在研究方法上，由于现有研究中被解释变量多为中老年人退休后的劳动参与行为，同时多采用二值选择模型、简单线性回归等方法，当研究深入到退休与中老年人劳动供给时间之间的因果关系时，上述研究方法无法较好地克服测量误差、遗漏变量和反向因果等问题带来的内部效度威胁，且均无法识别退休政策对两组目标变量的跳跃影响（邹红和喻开志，2015）。是否达到法定退休年龄这一分组变量和是否退休这一处理变量，刚好为我们提供一个在极小的带宽内识别退休行为与中老年人劳动时间的因果影响机会。如何识别上述处理前后行为效果，现有研究通常采用断点回归（RDD）（雷晓燕等，2010；邹红和喻开志，2015；李宏彬等，2015；刘生龙和郎晓娟，2017），RDD方法被认为是在没有随机设计的情况下识别因果关系最可信的方法（DiNardo和Lee，2011）。

鉴于此，本研究选取劳动时间这一衡量劳动供给的指标作为解释变量，通过断点回归（RDD）识别方法，对退休是否影响中老年人劳动时间进行检验。考虑CHARLS数据选取的样本是45岁以上的人群，在研究退休行为相关问题上，CHARLS数据更能够避免样本选择偏误造成的内部效度问题，因此本研究使用2015年CHARLS数据进行实证估计。估计结果发现，退休并不减少中老年城镇职工劳动供给时间，对不同受教育水平和不同区域进行异质性分析后，此结论仍然具有良好的内部效度。进一步对不同类型劳动进行分析，虽然受退休政策的影响不显著，但各类型劳动的供给时间受影响趋势不一致，退休人员趋于将劳动时间更多地配置到非农自雇劳动中。

本章的结构安排如下：第一部分为数据、变量与模型设定；第二部分为分析结果与讨论；第三部分为结论与政策启示。本研究的边际贡献体现在：第一，选取衡量劳动供给更为准确的指标——工作时间为研究对象，为退休对劳动供给相关研究提供一个新的视角；第二，关注对退休的劳动供给影响的异质性，更细致地考察中老年人退休行为对其不同类型劳动时间的影响；第三，采用模糊断点回归方法，考察法定退休年龄前后劳动供给是否出现明显的下降，本研究结果发现退休并不显著降低劳动供给时间，并从退休是个人行为决策视角给出解释，这可能会为劳动政策以及经济增长政策的制定提供参考。

# 第一节　数据、变量与模型设定

## 一、数据说明

本研究使用的数据来源于2015年的CHARLS数据。此微观调查是由北大国发院主持、北大中国社会科学调查中心与北大团委共同执行的大型跨学科调查项目，旨在收集一套代表中国 45 岁及以上中老年人家庭和个人的高质量微观数据。2015 年 CHARLS 数据样本是对 2011 年及 2013 年受访者的追访，是目前可获得的最新数据，其样本覆盖总计 1.24 万户家庭中的 2.3 万名受访者，包含了个人基本信息、家庭成员信息、健康状况、工作、退休和养老金、收入、消费、资产等信息，数据容量大、涵盖范围广。本研究意在研究中老年人退休行为对劳动时间的影响，CHARLS 数据涉及样本为中老年人且覆盖全国绝大多数省份，具有良好的代表性，同时截至目前公布的 2015 年数据能很好地代表新时代中老年人退休行为的特点，对本研究具有实用性。

本研究对选取样本做了以下处理：首先，参考封进和韩旭（2017）的研究，选择现有法定退休年龄前后各 10 年的样本，女性的年龄为 45 ~ 65 岁，男性的年龄为 50 ~ 70 岁。其次，本研究关心的对象是受退休年龄政策影响的个体，考虑到当前城镇机关事业单位、国有企业、集体企业和其他大型企业都较好地执行了法定退休制度，因此我们将选取从此类单位办理退休手续的退休人员和调查当期在此类单位工作的在职人员为研究对象。同时，考虑到 2015 年前女性职工退休年龄根据身份不同有所区分，本研究在去除劳动供给时间、年龄、是否退休等主要变量的缺失值后，对女职工是否为干部身份变量的缺失值也进行了删除处理。最后，为控制年龄效应，参考邹红和喻开志（2015）的研究和考虑到本研究问题是临近退休的行为决策，针对不同性别、不同身份样本剔除处于法定退休年龄的样本，即剔除男职工中 60 岁样本、女干部中 55 岁和女工人中 50 岁样本。最终得到样本观测值数共计 2297 个，其中男职工的样本观测值数为 1742 个，女职工样本中，女工人观测值数为 555 个，鉴于断点回归方法对小样本的不适用性，而女干部样本观测值数较少（存在缺失值），本研究仅对男职工和女工人两类人群进行分析。

## 二、变量选取

本研究的被解释变量为劳动供给时间，劳动供给时间指标由被调查者从事农业劳动时间、从事受雇劳动时间、从事非农自雇和家庭经营劳动（简称"非农自雇"）帮工时间、从事副业时间加总获得。各类型劳动时间分别通过调查问卷"工作、退休和养老金"模块中编号为 FC011 的问题"过去一年中，您一般每天工作多少个小时"和编号为 FJ002 的问题"除了主要工作，您每周在其他工作上平均工作多少个小时"得到。个体是否退休是本研究的主要解释变量，由问卷问题"您是否办理了退休手续"得到，本研究将其设为虚拟变量，已办理退休手续取 1，未办理退休手续取 0。在进行断点回归时，本研究以年龄为分组变量，同时为了更好地控制年龄效应，参考邹红和喻开志（2015）的研究和考虑到本研究问题是临近退休的行为决策，在数据处理过程中，剔除恰好处于法定退休年龄的样本。由于数据收集年份是 2015 年，所以本研究通过出生年份计算被调查者到 2015 年的实际年龄。

同时，劳动决策是一个复杂的动态决策过程，劳动供给受到个人健康状况、人力资本、家庭财富、家庭照料等多种因素的影响（Loretta 等，2019；罗双成等，2019；邹红和喻开志，2015；封进和韩旭，2017；曹荣荣和郝磊，2018；梁银鹤等，2019；Rust 和 Phelan，1997；Ben'tez-Silva 等，2000；French，2000）。根据数据可得性，本研究选取受教育年限、自评健康情况、孙子女数量和家庭金融财富等可能影响劳动供给的个人及家庭特征变量作为协变量。

在进行模型设定之前，我们先对被解释变量、主要解释变量以及控制变量进行基本的统计性描述，具体见表 3-1。表 3-1 给出了男职工样本和女工人样本个人和家庭特征的描述性统计。统计结果显示，男职工平均年龄约为 59 岁，每周工作约 43 小时，参加务农劳动约 27 小时，非农劳动约 34 小时；女工人平均年龄约为 56 岁，每周工作约 23 小时，参加务农劳动约 27 小时，非农劳动约 22 小时。

表 3 - 1　主要变量的统计性描述

| 变量 | 定义 | 男职工 | | | 女工人 | | |
|---|---|---|---|---|---|---|---|
| | | 均值 | 方差 | 观测值 | 均值 | 方差 | 观测值 |
| 劳动时间 | 每周工作的小时数 | 43.028 | 33.527 | 1742 | 22.698 | 30.939 | 555 |
| 务农劳动时间 | 每周参加农业工作的小时数 | 27.244 | 21.218 | 554 | 26.958 | 23.357 | 73 |
| 非农劳动时间 | 每周参加非农工作的小时数 | 34.364 | 28.300 | 1742 | 22.152 | 27.652 | 555 |
| 年龄 | 观测值在 2015 年的年龄 | 59.018 | 6.093 | 1742 | 55.915 | 0.462 | 555 |
| 受教育年限 | 受教育的年数 | 8.354 | 3.545 | 1408 | 8.461 | 3.461 | 432 |
| 自评健康 | 健康的虚拟变量, 1 为健康, 0 为不健康 | 0.915 | 0.279 | 1652 | 0.890 | 0.313 | 528 |
| 孙子女数量 | 未成年孙子女的数量 | 0.573 | 0.700 | 948 | 0.460 | 0.651 | 311 |
| 家庭金融财富 | 个人及配偶持有的现金、存款、债券面值、股票当前价值和基金当前价值的总和 | 32614.69 | 203965.3 | 1742 | 35382.77 | 118214.1 | 554 |

　　受教育年限是个体接受教育的年数, 将样本最高学历回答是"未受过教育""未读完小学""私塾毕业"的赋值受教育年限为 3;"小学毕业"的赋值为 6;"初中毕业"的赋值为 9;"高中毕业""中专(包括中等师范、职高)"的赋值为 12;"大专毕业"的赋值为 15;"本科毕业"的赋值为 16;"硕士及以上学历毕业"的赋值为 18。男职工样本受教育年限平均约为 8.4 年, 女工人样本受教育年限平均约为 8.5 年。将自评健康回答是"极好""很好""好""一般"的情况定义为健康, 赋值为 1;"不好""很不好"的情况定义为不健康, 赋值为 0。男职工未退休样本和已退休样本以及女工人未退休样本和已退休样本分别有 92% 和 89% 的人自评健康为健康。就未成年孙子女数量, 男职工平均约有 0.57 个, 女工人平均约有 0.46 个。家庭金融财富由个人及配偶持有的现金、存款、债券面值、股票当前价值和基

金当前价值加总得到，男职工平均持有家庭金融财富约 32614 元，女工人平均持有家庭金融财富约 35382 元。

## 三、模型设定

本书研究退休对中老年人劳动时间的影响，需要考虑以下几个问题：第一，个人提供劳动的时间多少是一个"自选择"问题，受个人和家庭多方面因素的影响而非随机发生，还可能存在一些不可观测因素，同时影响老年人退休决策和劳动时间。第二，个人依据记忆汇报自己过去一周的工作时间，可能存在测量误差。而样本自选择和测量误差问题，以及由此带来的内生性问题将导致模型估计结果偏误，这意味着仅仅简单比较退休前后劳动时间差异，并不能够反映退休对劳动时间的因果影响。第三，可以观测到老年人口退休后的劳动时间，却不可能得到其若未退休的劳动时间，也无法得知未退休老年人口若办理退休手续后的劳动时间，这是"反事实缺失"问题，因此样本将成为总体的一个非随机样本，造成估计偏误。

现有研究较多地使用 OLS、二值选择模型估计退休对劳动供给的影响，而上述模型无法较好地克服测量误差、遗漏变量和反向因果等问题带来的内部效度威胁，且均无法识别退休政策对两组目标变量的跳跃影响。为克服以上内生性问题，本研究采用断点回归框架进行因果识别。

断点回归方法的基本思想是，结果变量在某断点处的跳跃完全由配置变量在断点处的跳跃决定，配置变量的变化则由分组变量是否超过某个点决定。断点回归方法具有准自然实验性质，能很好地解决遗漏变量带来的内生性问题（雷晓燕等，2010），其适用条件是分组变量和其他可能影响结果的因素在断点处是平滑的。断点回归方法分为明显断点回归（Sharp Regression Discontinuity，SRD）和模糊断点回归（Fuzzy Regression Discontinuity，FRD）。我国现行退休制度虽然较为严格地被执行，但并非所有人都在法定退休年龄处办理退休手续，有人可能因为健康等问题而提前退休，也有人可能会因为工作需要等原因延迟退休。所以，退休政策并不必然使得退休的可能性在法定退休年龄直接从 0 跳跃至 1，而是仅仅使得退休的可能性在法定退休年龄处发生一个外生的跳跃，从 $a$ 跳跃到 $b$，$0 < a < b < 1$，具有这种特征的 FRD 就是模糊断点。从本研究的样本看，男职工样本中有 35.3% 已办理退休手续，79.4% 正参与劳动。女工人样本中有 70.5% 已办理退休手续，51% 正参与劳动。从图 3 – 1 也可以看出，男职工和女职工退休前后的退休率确实存在较为明显的跳跃式增长，因此本研究问题更适合采用模糊断点的方法。

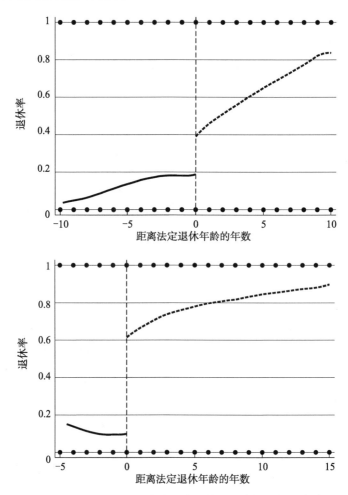

**图 3 – 1　男职工（上）和女工人（下）分年龄制度退休率**

数据来源：CHARLS（2015）。

为利用退休政策的年龄断点来识别退休政策对劳动供给的因果关系，本研究假设个体退休情况为 $retired_i$（配置变量），$retired_i = 1$ 表示个体 $i$ 受到政策影响，$retired_i = 0$ 表示个体 $i$ 未受到政策影响，$worktime_i(0)$ 为个体 $i$ 退休前的劳动时间，$worktime_i(1)$ 为个体 $i$ 在退休后的劳动时间，个体 $i$ 的劳动供给时间可以表示为 $worktime_i = (1 - retired_i) \cdot worktime_i(0) + retired_i \cdot worktime_i(1)$。退休政策的法定退休年龄是一个断点，个体年龄是分组变量。根据 Hahn 等（2001）的研究定理，可以通过式（3-1）对达到法定退休年龄与未达到法定退休年龄人群之间劳动时间的差异（处理效应）进行估计：

$$\tau_i = \frac{\lim_{x \downarrow x_0} E[\,worktime_i \mid X_i = x_0\,] - \lim_{x \uparrow x_0} E[\,worktime_i \mid X_i = x_0\,]}{\lim_{x \downarrow x_0} E[\,retired_i \mid X_i = x_0\,] - \lim_{x \uparrow x_0} E[\,retired_i \mid X_i = x_0\,]}$$

$$(3-1)$$

同时，参考秦雪征等（2018）的做法，通过参数估计方法，利用两阶段最小二乘法（2SLS）来估计 $retired$ 和 $worktime$ 之间的因果关系。具体思路为：基于 FRD 中的分组变量构造分组指代变量，记为 $Treat$，如果分组变量将个体分配到断点右边的处理组则 $Treat = 1$，否则 $Treat = 0$，然后将 $Treat$ 作为配置变量的 IV，采用 2SLS 来估计 $retired$ 和 $worktime$ 之间的因果关系。该参数估计可以用以下回归等式刻画：

$$worktime = \theta + \tau \cdot retired + f(X - c) + \varepsilon \qquad (3-2)$$

$$retired = \gamma + \delta Treat + g(X - c) + \mu \qquad (3-3)$$

式（3-2）和式（3-3）分别为 2SLS 估计中的二阶段和一阶段回归等式。其中，$\delta$ 为顺从者的比率；$\gamma$ 和 $\theta$ 为截距项；$f(\cdot)$ 和 $g(\cdot)$ 分别为分组变量对配置变量和结果变量的影响函数，可以采用线性和非线性设定。但参数估计方法只是提供了一个近似的估计值，非参数方法中的核密度估计法更为有效（秦雪征等，2018）。因此，下文主要采用核密度内核的模糊断点回归方法估计退休对劳动供给时间的影响，并采用非参数估计的 2SLS 进行稳健性检验。

# 第二节　分析结果与讨论

## 一、基本分析结果

图 3－1 呈现了退休率和劳动时间在断点前后是否存在大幅跳跃的基本情况，为进一步估计"跳跃"的因果关系，本部分将采用 FRD 方法进行更为严格的推断。标准的 FRD 估计不需要加入协变量即可得到一致的 LATE 估计值，男职工和女工人样本估计结果分别见表 3－2 第（1）、（4）列。同时，为控制其他因素对劳动时间的影响和检验 FRD 估计结果的稳健性，本研究在表 3－2 第（2）、（5）列中分别提供了加入协变量的男职工和女工人样本的 FRD 估计结果，协变量包括受教育年限、自评健康、孙子女数量及家庭金融资产等。在表 3－2 第（3）、（6）列中分别提供了矩形内核进行非参数估计得到的男职工和女工人样本的 FRD 估计结果。

表 3－2　退休对劳动供给时间影响的 FRD 估计结果

| 估计量 | 男职工 | | | 女工人 | | |
|---|---|---|---|---|---|---|
| | （1） | （2） | （3） | （4） | （5） | （6） |
| 劳动时间的变化 | － 6.551 | － 9.392 | － 0.180 | － 2.769 | 13.488 | － 3.033 |
| | (5.256) | (8.791) | (3.779) | (9.127) | (13.258) | (7.548) |
| 退休率的变化 | 0.203 *** | 0.338 *** | 0.199 | 0.515 *** | 0.548 *** | 0.605 *** |
| | (0.069) | (0.048) | (0.050) | (0.123) | (0.100) | (0.102) |
| 加权 LATE | － 32.291 | － 27.776 | － 0.907 | － 5.370 | 24.597 | － 5.011 |
| | (22.882) | (24.907) | (18.853) | (17.142) | (26.504) | (12.142) |
| 是否加入协变量 | 否 | 是 | 否 | 否 | 是 | 否 |
| 内核选择 | 三角内核 | 三角内核 | 矩形内核 | 三角内核 | 三角内核 | 矩形内核 |
| 临界值 | 60 | 60 | 60 | 50 | 50 | 50 |
| 最优带宽 | 4.4 | 4.4 | 3.4 | 4.4 | 5.5 | 4.3 |

注：括号内为标准差，*、**、*** 分别代表在10%、5%、1%水平上显著，下同。

可以看到，对男职工样本的估计中，表 3－2 第（2）列与表 3－2

第（1）列的估计结果没有显著区别。退休政策让男职工样本退休率在法定退休年龄处迅速增加 20% 左右（相当于 Wald 估计量的分母），而法定退休两侧的样本劳动供给时间虽然有向下跳跃的倾向，但并未出现显著变化（相当于 Wald 估计量的分母）。根据局部 Wald 估计法得到的退休政策对劳动时间的局部平均处理效应虽然为负，但不显著。同样，对女工人样本的估计中，表 3 - 2 第（5）、（6）列与表 3 - 3 第（4）列的估计结果没有显著区别。退休政策让女工人样本退休率在断点处迅速增加 55% 左右，而断点两侧劳动供给时间未出现显著变化，根据局部 Wald 估计法得到的退休政策对劳动时间的局部平均处理效应，即退休政策并不显著影响劳动时间。

总体而言，退休并不显著减少劳动供给时间，即中老年人退休后并未减少其工作时间，这与学者、政府的推断有所不同，也与国家推行延迟退休、增加劳动供给的政策预期背道而驰。我们认为可以从劳动供给个人决策动机和劳动需求方面提供解释。劳动供给是个人和家庭的决策，从中老年人参与劳动的动机这方面来说，一是中老年人对工作的需要并不因退休政策的改变而改变。经研究发现，中老年人多数出于生计需要或希望通过工作参与社会活动，与社会保持紧密联系（程杰，2015），中老年人的这种工作需求并不会因在某一时间点上的退休行为而降低，反而可能因退休行为导致的收入减少或与原工作相关关系的减少而增加。二是我国情境下的代际支持责任导致中老年人"退而不休"。在我国特殊的文化和国情背景下，我国中老年人通常承担着代际支持责任，甚至面临着各种"啃老"情形，比如三代人六个钱包购房，我国中老年人大多愿意为下一代甚至是下下一代贡献一己之力，这种责任和主观意愿也是中老年人"退而不休"的原因之一。从劳动需求角度而言，当前中老年人就业机会增多。随着适龄劳动人口不断下降，社会提供给中老年人的就业机会将会越来越多，且我国当前执行的法定退休年龄是在我国人口预期寿命较低时制定的，相对其他发达国家普遍较低，相对年龄较小且预期越来越长寿的退休中老年人更愿意也更有条件将时间投入工作中。

## 二、假设前检验

RDD 方法使用的条件是个体无法精确控制分组，即要求政策的冲击是不能被精准预期的。我们按照文献中一般的做法，考察分组变量密度分布的连续性（McCrary，2008；Imbens 和 Lemieux，2008）。若密度分布不连续，则可能存在对分组的精确操控，否则可认为没有精确操控。按照 McCrary（2008）及 Lee 和 Lemieux（2010）的方法，图 3-2 给出了分组变量（样本个体年龄距离断点的时间）的密度分

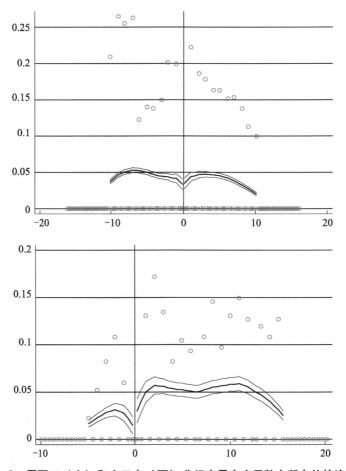

**图 3-2  男职工（上）和女工人（下）分组变量密度函数在断点处的连续性**

注：本图基于 McCrary（2008）建议程序 DCdensity 绘制，断点前后拟合曲线上下为 95% 置信区间。

布。从图 3 - 2 可以看到，无论密度函数曲线还是其置信区间，在断点处都几乎重合，即没有显著的跳跃。按照 McCrary（2008）的计算方法，男职工断点前后的密度差异仅仅为 0.037（标准误差为 0.166），女工人断点前后的密度差异仅仅为 0.391（标准误差为 0.207），这说明样本个体年龄的分布是连续且平滑的，即个体没有对分组变量进行精确操控。

另外，需要检验其他协变量（包括教育年限、自评健康、孙子女数和家庭金融财富）在断点处的密度分布的连续性。只有当协变量在这些点处不存在跳跃时，分组变量对配置变量和结果变量的影响估计才是可信的。从表 3 - 3、表 3 - 4 可以看出，男职工样本和女工人样本中这些变量在断点前后均没有发生显著的变化。

表 3 - 3　男职工样本主要控制变量的连续性分析

| 主要控制变量 | 男职工 | | | |
|---|---|---|---|---|
| | （1）<br>- / + 4.4 | （2）<br>- / + 2.2 | （3）<br>- / + 6.6 | （4）<br>- / + 8.8 |
| 教育年限 | - 0.394<br>(0.616) | - 0.74<br>(0.913) | - 0.078<br>(0.488) | - 0.471<br>(0.409) |
| 自评健康 | 0.041<br>(0.048) | 0.097<br>(0.068) | 0.020<br>(0.035) | 0.011<br>(0.029) |
| 孙子女数量 | - 0.043<br>(0.158) | 0.026<br>(0.233) | - 0.031<br>(0.122) | - 0.022<br>(0.102) |
| 家庭金融财富 | 15113.64<br>(11443.57) | 26487.18 **<br>(11673.18) | 22100.59 ***<br>(7355.211) | 23285.57<br>(9946.074) |

注：本表的估计均不控制协变量，是将 RDD 的结果变量分别替换为协变量后，在不同带宽下得到的估计结果（表 3 - 4 同）；显著性标识、标准误差的计算、内核的选择、最优带宽的选择均与表 3 - 4 第（1）列相同。

表3-4　女工人样本主要控制变量的连续性分析

| 主要控制变量 | 女工人 | | | |
|---|---|---|---|---|
| | (1) | (2) | (3) | (4) |
| | -/+5.5 | -/+2.7 | -/+8.2 | -/+10.9 |
| 教育年限 | -0.229 | 2.066 | -0.027 | 0.113 |
| | (1.729) | (3.019) | (1.633) | (1.607) |
| 自评健康 | -0.002 | 0.109 | -0.0001 | 0.003 |
| | (0.089) | (0.166) | (0.074) | (0.069) |
| 孙子女数量 | -0.159 | -0.232 | -0.169 | -0.149 |
| | (0.201) | (0.351) | (0.175) | (0.165) |
| 家庭金融财富 | -29142.39 | 106106.1 | -38440.67 | -38060.13 |
| | (42838.81) | (74169.1) | (49833.53) | (51671.08) |

注：显著性标识、标准误差的计算、内核的选择、最优带宽的选择均与表3-3第（4）列相同。

## 三、参数估计及不同带宽的考察

为进一步检验前述结论的可靠性，此部分将使用2SLS方法来实现断点回归设计，考察这种基于参数估计的结果与基于非参数估计的RDD估计结果是否有显著不同，并进一步考察带宽差异是否对估计结果有显著影响。

2SLS方法中，我们以样本个体年龄是否超过法定退休年龄/是否退休为工具变量，得到2SLS估计值见表3-5。从表3-5中可知，使用2SLS进行参数估计得到的LATE结果区别不大，这再次证明了主要结果"退休后中老年人劳动供给时间没有明显下降"的稳健性。

表3-5　关于退休影响的2SLS估计结果

| 估计量 | 男职工 | | | | 女工人 | | | |
|---|---|---|---|---|---|---|---|---|
| | (1) | (2) | (3) | (4) | (5) | (6) | (7) | (8) |
| | -/+4.4 | -/+2.2 | -/+6.6 | -/+8.8 | -/+5.4 | -/+2.7 | -/+8.2 | -/+10.9 |
| LATE | -3.346 | -26.690 | 11.815 | 0.265 | -1.374 | -26.690 | -6.959 | -9.676 |
| | (18.475) | (23.816) | (19.848) | (15.316) | (15.913) | (23.816) | (10.358) | (9.749) |

在考察带宽的差异是否对估计结果有显著影响时，我们将估计带宽设置为最优带宽 4.4 的 1/2、1 倍、1.5 倍和 2 倍四种情景。从表 3 − 6、表 3 − 7 的局部估计结果看，不同带宽退休对中老年人劳动时间的负向影响均不显著，说明退休前后劳动时间具有平滑性。但越靠近断点，这种负向效应越大，这说明退休政策在断点附近对劳动时间的影响更强，或者某种意义上可以说，随着年龄的增加，退休行为对中老年人降低劳动时间的效应将越来越小。

表 3 − 6　男职工分带宽的影响分析

| 估计量 | (1) | (2) | (3) | (4) |
|---|---|---|---|---|
| | − / + 4.4 | − / + 2.2 | − / + 6.6 | − / + 8.8 |
| 劳动时间的变化 | − 6.551 | − 8.293 | − 2.693 | − 0.774 |
| | (5.256) | (7.574) | (4.130) | (3.455) |
| 退休率的变化 | 0.203 *** | 0.180 * | 0.206 *** | 0.189 *** |
| | (0.069) | (0.099) | (0.055) | (0.046) |
| 加权 LATE | − 32.291 | − 46.019 | − 13.037 | − 4.083 |
| | (22.882) | (37.551) | (18.571) | (17.756) |

表 3 − 7　女工人分带宽的影响分析

| 估计量 | (1) | (2) | (3) | (4) |
|---|---|---|---|---|
| | − / + 5.5 | − / + 2.7 | − / + 8.2 | − / + 10.9 |
| 劳动时间的变化 | − 2.769 | 3.242 | − 2.449 | − 2.482 |
| | (9.127) | (15.541) | (8.100) | (7.759) |
| 退休率的变化 | 0.515 *** | 0.411 ** | 0.549 *** | 0.573 *** |
| | (0.123) | (0.203) | (0.108) | (0.103) |
| 加权 LATE | − 5.370 | 7.878 | − 4.459 | − 4.326 |
| | (17.142) | (39.718) | (14.370) | (13.196) |

## 四、异质性讨论

针对不同人群、不同类型劳动供给时间，退休与劳动时间的因果关系是否会存在明显差异呢？随着年龄增长，老年人口参与劳动的类型可能呈现不同趋势（Lynn 和 Julie，2004），受教育程度与退休后再就业显著相关（杨筠等，2018），同时我们认为，地区间经济发展程度影响就业机会的可获得性，这是影响老年群体重返劳动力市场的一项重要因素。因此，在已得出的退休并不显著减少中老年人总劳动时间结论的基础上，下文区分不同类型劳动、不同区域以及受教育水平等因素考察退休前后劳动时间的变化。

## （一）分劳动类型的分析

根据 CHARLS 问卷内容，本研究进一步把劳动时间分解为务农劳动时间和非农劳动时间，从表 3-8 第（2）、（3）列可知，退休政策对男职工从事农业劳动样本的退休率无显著影响，对男职工从事非农劳动样本的退休率有显著的影响，约提高 19.5%，但对务农劳动时间和非农劳动时间都没有显著影响。根据局部 Wald 估计法得到，退休对务农和非农劳动时间的影响均不显著。从表 3-9 第（2）、（3）列可知，女工人受退休政策影响，退休率发生了明显跳跃，务农样本和非农样本退休率的跳跃分别为 70.2% 和 49.7%，务农劳动时间受到显著的负向影响，迅速减少了 42 小时/周，而非农劳动时间为正（0.534）且影响不显著。根据局部 Wald 估计法得到，退休对女工人务农和非农劳动时间均不存在显著影响。综上，退休政策同样未显著降低不同性别的务农劳动时间和非农劳动时间。

进一步把非农劳动时间细分为非农自雇劳动时间、受雇劳动时间和副业劳动时间。因分样本中女工人观测值过少，本研究仅对男职工进行估计。从表 3-8 第（4）、（5）、（6）列可知，男职工非农自雇样本、受雇样本和副业样本退休率受退休政策的影响有差别，退休政策对自雇样本退休率无显著影响，而受雇样本和副业样本退休率受影响显著，分别为 8.9% 和 40.2%。各类劳动时间并未受显著影响，局部平均处理效应同样不显著。同时我们发现，退休对自雇劳动时间的平均处理效应方向和大小均明显有别于其他类型劳动时间，这或许意味着退休对劳动时间虽然没有显著影响，却让个体在不同类型劳动上的时间配置有更多自由，个体可以将更多的时间从僵化的雇佣劳动配置到更为灵活、效率更高的自雇劳动上。

表 3 - 8　退休对男职工分类型劳动时间的影响估计

| 估计量 | 男职工 | | | | | |
|---|---|---|---|---|---|---|
| | （1） | （2） | （3） | （4） | （5） | （6） |
| | 总劳动供给 | 务农 | 非农 | 自雇 | 受雇 | 副业 |
| 劳动时间的变化 | -6.551 | -10.706 | -3.649 | 17.527 | 1.452 | -5.771 |
| | (5.256) | (8.618) | (3.165) | (11.400) | (2.581) | (8.555) |
| 退休率的变化 | 0.203*** | 0.113 | 0.195*** | 0.040 | 0.089** | 0.402*** |
| | (0.069) | (0.101) | (0.051) | (0.230) | (0.041) | (0.161) |
| 加权 LATE | -32.291 | -94.709 | -18.706 | 436.009 | 16.183 | -14.340 |
| | (22.882) | (94.803) | (14.620) | (2523.931) | (29.969) | (21.300) |

表 3 - 9　退休对女工人分类型劳动时间的影响估计

| 估计量 | 女工人 | | |
|---|---|---|---|
| | （1） | （2） | （4） |
| | 总劳动供给 | 务农 | 非农 |
| 劳动时间的变化 | -2.769 | -42.216*** | 0.534 |
| | (9.127) | (14.952) | (7.900) |
| 退休率的变化 | 0.515*** | 0.702*** | 0.497*** |
| | (0.123) | (0.217) | (0.132) |
| 加权 LATE | -5.370 | -60.085 | -1.075 |
| | (17.142) | (37.797) | (15.760) |

## （二）分学历

考虑到样本群体平均受教育年限在高中学历附近，因此本研究将调查个体学历区分为高中及以上学历和高中以下学历进行分析。从表 3 - 10 的局部估计结果可以看出，退休政策对高中及以上学历的男职工群体影响系数约为 -32.4，且在 5% 水平上显著；对高中以下学历呈负向影响，但不显著。根据杨筠等（2018）的研究，在低学历群体中可能存在"收入补偿型"再就业，低学历人群可能因为收入较低、财富存量较少而继续工作，不因退休而减少劳动时间。但针对高学历群体，本研究并未发现"教育补偿型"再就业现象。而退休政策对不同学历女工人群体均有正向影响，虽影响并不显著，但这至少说明女性较男性，不是显著地倾向于退出劳动力市场，可能更愿意重返劳动力市场，参加社会工作。女性较男性的这种差别，我们认为源于当前法定退休年龄的男女有别，普通女职工退休年龄远低于男职工退休年龄。随着年龄增加，中老年人对未来时间的有限感知更强，也更加注重和将更多时间投入亲密关系中（Carstensen，1999），因此退休年龄较低的女性较退休年龄较大的男性更可能"退而不休"。

表 3-10　基于学历的分样本 RDD 估计结果

| 估计量 | 男职工 | | 女工人 | |
|---|---|---|---|---|
| | （1） | （2） | （3） | （4） |
| | 高中以下学历 | 高中及以上学历 | 高中以下学历 | 高中及以上学历 |
| 劳动时间的变化 | -0.097 | -19.095 * | 4.186 | 27.170 |
| | (6.710) | (10.896) | 19.037） | (20.662) |
| 退休率的变化 | 0.238 *** | 0.589 *** | 0.260 | 0.709 *** |
| | (0.080) | (0.156) | (0.243) | (0.146) |
| 加权 LATE | -0.407 | -32.418 ** | 16.076 | 38.295 |
| | (28.107) | (15.802) | (81.715) | (32.398) |

## （三）分区域的分析

在地区层面，根据调查个体所处区域将样本划分为东部、中部、西部三个区域。从表 3-11 可以看出，对男职工和女工人样本，退休政策对劳动时间的局部平均处理效应均不显著，即退休对不同区域中老年人劳动时间的不显著影响并无差异。但东部地区男职工和女工人在退休前后均呈现劳动时间增加趋势，这是因为东部地区拥有良好的经济发展基础，在民营经济发展、经济外向型程度、营商环境和创业环境等方面都具有区位优势，这有利于承载更多的就业职位，与此同时为愿意重返劳动力市场的退休中老年人提供了更好更多的工作机会和选择。这也说明，营造良好的中老年人就业市场环境将引导更多中老年人重返劳动力市场，继续工作。这可以为解决我国加速发展的老龄化可能引致的劳动力短缺问题提供一个思路。

表 3 – 11　基于区域的分样本 RDD 估计结果

| 估计量 | 男职工 | | | 女工人 | | |
|---|---|---|---|---|---|---|
| | （1） | （2） | （3） | （4） | （5） | （6） |
| | 东部 | 中部 | 西部 | 东部 | 中部 | 西部 |
| 劳动时间的变化 | 3.751 | – 14.605 | 8.256 | 0.283 | – 2.142 | – 4.237 |
| | (6.832) | (11.648) | (7.997) | (10.844) | (12.966) | (24.901) |
| 退休率的变化 | 0.221 ** | 0.244 * | 0.242 ** | 0.450 ** | 0.789 *** | 0.214 |
| | (0.095) | (0.142) | (0.102) | (0.217) | (0.181) | (0.284) |
| 加权 LATE | 16.946 | – 59.693 | 34.129 | 0.629 | – 2.714 | – 19.794 |
| | (34.789) | (41.536) | (42.982) | (24.310) | (16.097) | (110.368) |

# 第三节　结论与政策启示

在人口老龄化加速发展、长寿预期不断加强的背景下，我国政府延迟退休方案呼之欲出，旨在解决我们可能面临的适龄劳动人口下降和养老金偿付能力不足两个主要问题。但"一刀切"的延迟退休方案真能增加有效劳动供给水平吗？现有研究多从劳动参与率角度对退休前后的劳动供给水平进行比较分析，本研究创新性地选取劳动时间这一衡量劳动供给水平更为准确、有效的指标作为解释变量，使用2015年中国家庭健康与养老追踪调查（CHARLS）数据，通过模糊断点回归（FRD）识别方法，对退休是否会影响中老年人劳动供给水平这一命题进行实证检验。我们发现，无论是男职工样本还是女工人样本，退休行为对他们的总劳动时间都没有显著影响，准确地说，达到法定退休年龄后，劳动供给至少没有呈现显著的下降。为保障结论的稳健性，首先，进一步将总劳动时间细分为务农和非农劳动时间，并进一步将非农劳动时间细分为非农自雇劳动时间、受雇劳动时间和副业劳动时间后再次进行经验求证，发现上述结论依然可靠。其次，通过采用参数估计方法——两阶段最小二乘法（2SLS）进行重新估计，上述推断同样成立。最后，为排除由于异质性而导致结论存在内部效度威胁，又进行分样本检验，结果发现，除高学历男性样本的退休行为对劳动时间有显著影响外，其他分样本的结论均不存在显著差异。

基于以上研究可以发现，对不同中老年群体，退休行为均不显著降低他们的劳动供给时间。我们从个人劳动供给决策和劳动需求两个方面给出解释。如果我们将劳动视为个人或家庭决策，劳动者出于两种目的参与劳动：一是基础层面上的物质和报酬等安全需求，物质和报酬能够带来安全感，满足个人或其家庭代际对劳动产品的需要，那么部分中老年人受资金预算约束，不得不继续工作；二是高层次精神上的安全需求及社会参与需求，根据社会支持理论，退休后如果退出劳动力市场将弱化社会网络关系，而继续工作可以保持原有的社会支持网络，进而保障中老年人的精神层面的安全需求，相关研究也表明更多的中老年人希望通过继续工作保持社会交往，能够有机会继续实现自己的人生价值。中老年人以上两种工作动机均不会因为在某一时间点上退休而突然降低，因此退休不会显著降低工作时间。从劳动需求角度而言，当前中老年人就业机会增多。随着适龄劳动人口不断下降，社会提供给中老年人的就业机会将会越来越多，因此我国相对年龄较小且预期越来越长寿的退休中老年人更愿意也更有条件将时间投入工作中。

伴随着生育率极速下降，中国未来30年将经历加速老龄化进程，很多学者担心未来我国可能面临严重的劳动力短缺问题，并建议通过延迟退休方案增加劳动力供给。但是本研究发现，现行退休制度下达到法定退休年龄并不会显著降低劳动供给时间，而且从时间这一稀缺资源配置的角度来看，劳动时间可能会从僵化的雇佣劳动中转而配置到更为灵活、效率更高的非农自雇劳动和副业劳动。这给我们的政策启示在于，如果我们想通过延迟退休解决未来适龄劳动人口减少或者劳动力短缺等问题，至少从CHARLS数据提供的样本来看，这一举措可能收效甚微。如果强行推行"一刀切"的延迟退休方案，甚至可能会影响劳动力的正常流动，造成一部分没能力但长期占据重要岗位的劳动力不能正常更替，劳动力资源错配，影响劳动的生产率水平。基于此，首先我们在原有退休制度不变或者弹性退休制度下，保持劳动力市场有进有出，保持正常的新陈代谢，同时建立一个促进有较高人力资本积累、难以替代的退休老年劳动力再次返回劳动市场的机制和体制，最终提高劳动者的生产率水平。不过要指出，我们的分析仅依赖我们的样本和调查数据，同时也只限于正规部门和其他大型企业的男职工和女工人样本，将其外推到其他人群时，仍需谨慎，这也是后续研究可以扩展的方向。

# 第四章 延迟退休的劳动人口福利效应

伴随着人口世代的更迭，中国20世纪50年代和60年代的婴儿潮一代将陆续进入退休年龄，"90后"和"00后"出生低谷一代陆续进入劳动力市场，这种超大规模世代的退出和超小规模世代的进入，适龄劳动人口断崖式下降，老年人口急剧攀升，老龄潮扑面而来，中国经济增速也从2007年的14%持续下滑，到2015年，首次跌破7%。《中国养老金发展报告2016》指出，2015年城镇职工养老保险个人账户"空账"达47144亿元，而当年的城镇职工基本养老保险累计结余只有35345万亿，这标志着城镇职工基本养老保险基金收入与支出的缺口越来越严重，估计在不久的将来，基金的累计结余也会被完全耗尽。为了缓解人口老龄化给经济增长和养老保障带来的负面影响，在人口政策层面，放松生育管控和出台延迟退休方案成为应对老龄化的两大法宝。2015年，中共十八届五中全会出台"全面二孩"政策，这是顺应民意的一项重大战略举措，从学界到政界，从民间到官方，多数表示赞同和称好。但是对于还未出台的延迟退休方案却没有那么幸运：如中国青年报社会调查中心2015年对25311人做的"你对延迟退休持什么态度"的调查显示：94.5%的受访者明确表示反对延迟退休，仅3.2%的受访者支持，2.3%的受访者表示中立或未表明态度；之前，人民网发起的一项有45万网友参与的调查显示：有93.3%的人对此政策表示反对。尽管每人反对延迟退休的理由或许不一样，但多次调查结果显示高达9成多的受访者反对，说明延迟退休会损害绝大多数人的利益，这样的设想明显缺乏民意基础。延迟退休在民间遭遇抵触，在学界，学者怎么认为呢？延迟退休真的会挤占劳动人口福利吗？

针对这一问题，学界主要从年轻人就业、退休后的养老金、产出和综合福利等视角进行了深入的探讨。从年轻人就业的角度：Börschsupan（2010）和 Salem 等（2010）对 OECD 国家数据进行经验研究发现，老年人劳动参与率的提高会显著降低青年人的失业率，相反，老年人的提前退休会对青年人就业造成消极的影响。进一步对德国和法国进行经验研究发现，延迟退休会使社会总劳动增加，引致社会总产出增加，进而对劳动的需求增加，最终导致社会失业率下降。Kalwij 等（2010）对 22 个 OECD 国家进行经验研究发现，老年人的继续就业不会对青年人就业造成挤占，事实上相反，会存在一定的互补性，所以推迟退休方案不仅不会对年轻人就业造成压力，反而会促进年轻人就业。张川川和赵耀辉（2014）利用中国 1990 年、2000 年以及 2005 年 1% 的抽样调查数据进行经验研究发现，高年龄段人口的继续就业不会对年轻人口的就业造成挤占，甚至高年龄段人口的继续就业会提高青年人的就业率和工资水平，这意味着中国将要推行的退休政策，至少在年轻人就业上不会造成挤占；阳义南和谢予昭（2014）基于 OECD 国家数据，姚东旻（2016）基于中国经验数据，同样获得上述推断的证据。相反，Michello 和 Ford（2006）基于奥肯定律，利用美国的数据进行经验研究发现，延迟退休政策会提高美国的失业率，特别是在劳动力过剩的部门，延迟退休通常会挤占年轻人就业；Martins 等（2009）认为延迟退休可能并不会出现大家所陈述的增加就业的状况，考虑到就业法和部分国家的终身雇佣制和事业编，一旦采取延迟退休方案，企业会通过少招劳动力人口来减少新增劳动力对就业岗位的挤占，所以延迟退休可能会对就业造成挤占。

从劳动人口退休后的养老金角度：Cremer 和 Pestieau（2003）、Karlstrom 等（2004）、Galasso（2008）、Martín（2008）、Martín 和 Lagos（2010）以及 Mastrobuoni（2010）从经验、理论与精算等视角分别模拟瑞典、美国以及西班牙等国家的延迟退休对养老金财富的影响发现：延长法定退休年龄，可有效地缓解养老金支付压力，降低养老金赤字水平，使得养老保障系统更加均衡和可持续；袁中美（2013）认为，延迟退休在宏观上能够缓解老龄化下中国的养老金支付危机，提高个人账户和统筹账户的替代率；曾益等（2013）运用保险精算模型进行模拟发现：对城镇职工实施延迟退休方案，可以降低20～30年个人养老金账户的财政补助，有效缓解未来老龄化引致的养老金支付压力，保障老年人福利；王晓军和赵明（2015）认为，延迟退休可以有效地降低未来老年抚养比，缓解未来养老金支付压力，而针对女性的延迟退休方案尤为重要，对未来养老金支出压力的缓解作用更大；景鹏和胡秋明（2016）在此基础上，进一步佐证了上述观点。相反，Magnani（2008）基于一个考虑人力资本的世代交叠模型，对意大利延迟退休方案进行研究发现，虽然延迟退休在短期和中期可以减少养老金赤字，但是在长期，这项措施几乎没有任何作用；彭浩然（2012）认为，在中国当前的养老保险制度下，存在激励员工进行提前退休的机制，因此在当前养老制度下推行延迟退休方案，将不利于老年人养老金财富的提高和福利的改善，如果将来要推行延迟退休方案，并且想要通过延迟退休方案实现养老金财富的增加，须清除养老制度上的负面激励机制。Miyazaki（2014）认为，虽然延迟退休能够增加劳动人口数量，但是这并不意味着提高法定退休年龄能够缓解养老金支付危机，特别在长期，因为延迟退休使得低人力资本的个体长期处在劳动力市场，降低了社会的平均工资水平，进而降低了税基；林熙和林义（2015）基于精算和 Option Value 模型进行研究发现：无论是推迟男性退休年龄，还是女性退休年龄，延迟退休均在不同程度上降低了养老金财富；邹铁钉和叶航（2015）认为，提前退休或者低龄退休的确会造成养老金亏空，但是延迟退休对养老支出压力的降解作用并不是越晚越好，而是存在一个倒 U 形的关系，这源于延迟退休会对就业产生挤占和引起社会税基变小。

从产出和综合福利角度：Echevarri（2004）构建一个有限期的世代更迭模型，进行推理发现：延迟退休提高了人力资本水平和人力资本的收益率，增加了工作年龄人口占比，最终提高了经济的增长率；Zhang Jie 和 Zhang Junsen（2009）认为，从长期来看，延长法定退休年龄有利于提高产出，源于延迟退休会使得微观家庭对人力资本投资更高；金刚（2010）认为，从短期来看，延迟退休可以解决劳动力短缺，使得总产出和经济增速增加；邵伏军等（2014）在劳动力市场有效的情景下进行研究发现：延迟退休的确可以提高社会总产出，但是延迟退休所增加的劳动人口数量并不一定对经济增长的影响是正的，这取决于新增的劳动人口数量是否可以转化为就业或者充分就业；王天宇等（2016）构建一个75期的世代交叠模型进行模拟发现：延迟退休只会使得本已进入退休年龄但没有退休的人的福利遭受损失，相反，其余年龄段的福利均得到改善；宁磊和郑春荣（2016）构建一个动态一般均衡模型进行模拟发现：无论是在缴费确定的养老制度下，还是在待遇不变的养老制度下，延迟退休均能够提升职工福利水平；封进（2017）认为，延迟退休通常会增加未来养老金财富，但是采用包括货币财富和闲暇效用的福利指标来考察延迟退休方案时，进一步研究发现：延迟退休带来的福利改善幅度小于总财富的增加幅度，延迟退休5年会使71%的男性劳动者和6%的女性劳动人口福利受损。

基于上述学者的研究可以发现：在延迟退休是否挤占劳动人口福利这个问题上，学界目前缺乏共识，依然百家争鸣。有的学者认为挤占，有的学者认为促进，这源于国家的语境不同，测量福利指标、数据尺度、研究方法选择以及模型设定的不同。在国家语境上，基于西方经验的研究未必适合中国，考虑到延迟退休并未在中国实施，而基于中国经验的研究很容易混淆退休后再就业效应与延迟退休效应；在测量劳动人口福利上，多数学者在表征劳动人口福利时，要么采用劳动人口的就业、劳动人口退休以后的养老金财富，要么采用人均产出或者社会总产出，而非当前劳动人口工作时的复合福利或者效用水平；在数据选择上，有的从家庭层面和企业层面，有的从国家层面，还有的基于调研数据和二手数据，但是每个学者都会对自己的数据集负责；在研究方法选择上，有基于经验的计量研究，有基于一般均衡分析与保险精算的模拟分析，以养老为例，经验研究多从家庭养老层面，精算研究多从社会养老层面，而一般均衡分析多从代际支持层面，总体上缺乏一个回答，哪个方法或者层面更适合探究延迟退休的福利效应；在模型设定上，现有研究很少考虑中国特殊的语境，如代际支持依然占据社会主流，生育和养老不仅是投资行为，更蕴含着一种天伦之乐的利他文化。最后，在中国最大的婴儿潮陆续退出劳动力市场以及可能实行延迟退休的时间段内，即 2035 年以前，本研究则在充分考虑中国语境的前提下，建立可以模拟延迟退休对历年劳动人口福利影响的动态一般均衡框架，从复合福利效用的视角，尝试回答延迟退休是否挤占劳动人口福利等科学问题，并对模拟结果关于主要参数和养老制度改革进行敏感性分析，促成延迟退休对劳动福利影响共识的达成。

# 第一节　理论模型框架

## 一、模型构建

在模型设定上，主要参照 Barro 和 Becker（1989）、Liao（2014）以及 Yang（2016）的工作，每期人口分为三种类型：青少年、劳动人口与老年人口。其中，老年人口和青少年均不参与生产活动和社会决策，青少年生存的消费主要来自劳动人口，老年人口的消费来自表征为子女支持的代际赡养和个人储蓄；劳动人口参与社会生产活动，同时做出社会决策，决策每期的产出如何分配到抚养孩子、赡养老人、储蓄以及消费，以使得当期产出带来效用的最大化。考虑到社会养老保险制度中的统筹账户养老金可以看作社会子女养老，个人账户养老金可以看作自身储蓄养老，综合家庭子女养老和个人储蓄养老，当前中国的养老模式可看作子女支持和储蓄。生育不仅具有养老上的投资属性，特别在中国，生育还有传宗接代和享受天伦之乐的利他属性；赡养老人不仅是一种负担，更多还是一种社会美德，综合中国抚养孩子和赡养老人的利他属性和传统美德，抚养孩子和赡养老人本身会带来效用，最终每期劳动人口的效用包括消费、储蓄、抚养孩子支出以及赡养老人支出带来的效用。

第 $i$ 期的总产出记为 $Y_i$，第 $i$ 期和第 $i+1$ 期的消费与第 $i$ 期的储蓄分别记为 $C_i^1$、$C_i^2$ 和 $S_i$，第 $i$ 期的青少年、劳动人口以及老年人口数

量分别记为 $H_i$、$L_i$ 和 $O_i$，第 $i$ 期的工资与利率分别记为 $w_i$ 和 $r_i$。在当前以支定收给付确定（Defined-Benefits，DB）的养老制度下，第 $i$ 期对每个老年人的代际支持水平是第 $i$ 期劳动人口工资 $w_i$ 的一个固定比例 $\phi_1$，根据给付确定以支定收的特点，总赡养老人支出为 $\phi_1 w_i O_i$；第 $i$ 期抚养一个孩子支出占工资 $w_i$ 的比例为 $\mu$，总抚养孩子支出为 $H_i \mu w_i$，则第 $i$ 期劳动人口面临的第一个预算约束为

$$Y_i = C_i^1 + S_i + H_i \mu w_i + \phi_1 w_i O_i \qquad (4-1)$$

第 $i$ 期年龄为 $j$ 的人口以及将要退出劳动力市场的人口数量分别记为 $p_i(j)$ 和 $J_i$，后者的幸存率记为 $\pi_r$。参照 Yang（2016）的做法，考虑到每期劳动人口面临的决策是如何分配每期产出到抚养孩子、赡养老人、储蓄和消费上以使得当期产出带来效用的最大化、无限期模型求解的困难以及保证模型的动态化，假定分配方案至少从两期来看是最优的，进而模型在两期预算约束下求得最优解。在第 $i+1$ 期，第 $i$ 期劳动人口的消费 $C_i^2$ 包括第 $i$ 期储蓄和储蓄回报以及抚养孩子和赡养老人回报：第 $i$ 期储蓄 $S_i$ 在第 $i+1$ 期获得 $S_i(1+r_{i+1})$ 单位回报；考虑到第 $i+1$ 期时第 $i$ 期的劳动人口中仅一个队列退出劳动力市场，其获得的回报近似代表第 $i$ 期劳动人口获得的回报，考虑到中国元素，只有抚养孩子、赡养老人，才能在老年期被子女赡养，第 $i$ 期将要退出劳动力市场的队列抚养孩子、赡养老人的支出以及在第 $i+1$ 期获得的收益分别为 $(H_i \mu w_i + O_i \phi_1 w_i) J_i / L_i$ 和 $\pi_r J_i w_{i+1}$，则第 $i$ 期劳动人口面临的第二个预算约束为

$$C_i^2 = S_i(1 + r_{i+1}) + \pi_r J_i w_{i+1} - (H_i \mu w_i + O_i \phi_1 w_i) \frac{J_i}{L_i} \quad (4-2)$$

在目标函数设定上，借鉴 Barro 和 Becker（1989）、Yang（2016）的做法，把劳动人口的效用函数设定为幂函数形式，消费者的跨期替代弹性为 $\sigma$，对自身未来消费、青少年消费以及老年人消费分别赋予的权重为 $\beta$、$\gamma$ 和 $x$，除劳动人口自身消费之外，考虑到中国文化，抚养孩子、赡养老人支出要进入效用函数，则第 $i$ 期劳动人口的效用函数为

$$U_i = (C_i^1)^\sigma + \gamma (H_i \mu w_i)^\sigma + x(O_i \phi_1 w_i)^\sigma + \beta (C_i^2)^\sigma \quad (4-3)$$

在给付确定的养老制度下，劳动人口面临的决策是如何分配每期的产出在消费、储蓄、抚养孩子以及赡养老人上，以使得每期产出带来的效用最大化，面临的目标函数和约束条件为

$$\max_{C_i^1,C_i^2,S_i} U_i = (C_i^1)^\sigma + \gamma (H_i\mu w_i)^\sigma + \chi(O_i\phi_1 w_i)^\sigma + \beta(C_i^2)^\sigma$$

$$s.t. \begin{cases} Y_i = C_i^1 + S_i + H_i\mu w_i + O_i\phi_1 w_i \\ C_i^2 = S_i(1+r_{i+1}) + \pi_r J_i\phi_1 w_{i+1} - \dfrac{J_i}{L_i}(H_i\mu w_i + O_i\phi_1 w_i) \\ 0 \leq \sigma,\beta,\gamma,\chi,\phi_1,\mu,\pi_r \leq 1 \end{cases} \quad (4-4)$$

若已知参数 $\sigma$、$\beta$、$\gamma$、$\chi$、$\phi_1$、$\mu$、$\pi_r$ 与变量 $H_i$、$L_i$、$O_i$、$J_i$、$w_i$、$r_i$ 取值，就知每期最优的分配方案，进而知道目标函数取值和每期劳动人口福利。参数外生给定，参照 Yang（2016）的人口预测方法，人口结构变量 $H_i$、$L_i$、$O_i$、$J_i$ 也已知，其中不同的延迟退休方案主要通过影响人口结构变量，进而影响分配方案、目标函数取值以及劳动人口福利。若要求劳动人口福利，先求每期劳动人口的最优分配方案，要求每期劳动人口的最优分配方案需知道第 $i$ 期和第 $i+1$ 期的工资和利率。考虑到工资和利率由生产部门决定，引入规模报酬不变的包含人力资本的 C-D 生产函数，若全要素生产率、资本存量、资本贡献份额以及人力资本分别记为 $A$、$K_i$、$\alpha$ 以及 $h_i$，则第 $i$ 期生产函数为

$$Y_i = A(K_i)^\alpha (h_i L_i)^{1-\alpha} \quad (4-5)$$

在一般均衡条件下，生产部门实现利润最大化，要素价格工资和利率均按照要素的边际产出支付。在要素价格的决定方程中，资本贡献份额和全要素生产率为常数，劳动外生给定，要计算工资和利率，需要知道资本存量和人力资本。如果资本存量折旧率为 $\delta$，第 $i$ 期的资本量等于第 $i-1$ 期资本存量加上储蓄，再减去折旧量，则有

$$K_i = (1-\delta)K_{i-1} + S_{i-1} \quad (4-6)$$

人力资本 $h_i$ 如何计算呢？如果劳动人口平均受教育年限、每个年龄段上劳动人口数量以及相应年龄段上的受教育年限分别为 $s_i$、$L_i(j)$ 和 $s_i(j)$，平均受教育年限等于每个年龄段上的劳动人口数量乘以相应年龄段上平均受教育年限再除以总劳动人口数量，其中在分年龄段受

教育年限的计算上，参照黄晨熹（2011）的工作。参考 Yang（2016）的工作，同时为保证初始年份人力资本水平恒等于 1，设定人力资本水平与平均受教育年限存在如下关系

$$h_i = e^{\varphi(s_i) - \varphi(s_{2015})} \qquad (4-7)$$

考虑到不同教育阶段的教育回报不同，特别是初等教育回报高于高等教育回报，参照陆旸和蔡昉（2014）的做法，进一步设定 $\varphi(s_i)$ 为

$$\varphi(s_i) = \begin{cases} 0.134 \times (4 - s_i) & s_i \leq 4 \\ 0.134 \times 4 + 0.101 \times (s_i - 4) & 4 < s_i \leq 8 \\ 0.134 \times 4 + 0.101 \times 4 + 0.068 \times (s_i - 8) & s_i > 8 \end{cases}$$

$$(4-8)$$

综合家庭部门决策和生产者部门决策，最终在给付确定的养老制度与不同的延迟退休方案下，每期劳动人口面临的决策是如何分配每期的收入在消费、储蓄、抚养孩子、赡养老人上，以获得当期收入带来的效用最大化，目标函数和约束条件为

$$\max_{C_i^1, C_i^2, S_i} U_i = (C_i^1)^\sigma + \gamma (H_i \mu w_i)^\sigma + \chi (O_i \phi_1 w_i)^\sigma + \beta (C_i^2)^\sigma$$

$$s.t. \begin{cases} Y_i = C_i^1 + H_i \mu w_i + S_i + O_i \phi_1 w_i \\ C_i^2 = S_i (1 + r_{i+1}) + \pi_r J_i \phi_1 w_{i+1} - \dfrac{J_i}{L_i}(H_i \mu w_i + O_i \phi_1 w_i) \\ w_i = A(1 - \alpha)(h_i)^{1-\alpha}(K_i)^\alpha (L_i)^{-\alpha} \\ w_{i+1} = A(1 - \alpha)(h_{i+1})^{1-\alpha}(K_{i+1})^\alpha (L_{i+1})^{-\alpha} \\ r_{i+1} = A\alpha (h_{i+1})^{1-\alpha}(K_{i+1})^{\alpha-1}(L_{i+1})^{1-\alpha} \\ K_{i+1} = (1 - \delta)K_i + S_i \\ h_i = e^{\varphi(s_i) - \varphi(s_{2015})} \\ 0 \leq \sigma, \beta, \gamma, \chi, \phi_1, \mu, \pi_r \leq 1 \end{cases}$$

$$(4-9)$$

把每期目标函数的最大值定义为劳动人口的总福利 $U_i^*$，每期目标函数的最大值与劳动人口之比定义为劳动人口的平均福利 $u_i$，用劳

动人口的平均福利去表征劳动人口的福利。回答延迟退休是否挤占劳动人口福利的问题，就是比较延迟退休政策下的劳动人口福利与退休政策不变下的劳动人口福利的差别，如果前者大于后者，说明延迟退休政策改善了劳动人口福利，否则，说明该政策挤占了劳动人口福利。

## 二、参数设定

已知人口结构变量、资本存量、人力资本以及模型中的其他参数，根据式（4-9）即可模拟不同延迟退休情境对历年劳动人口福利的影响，通过资本运动方程实现模型的动态化。考虑到上述模型是非线性动态优化，此情景下通常不存在解析解，采用 Matlab 工具箱中求解非线性优化的 fmincon 函数模拟出数值解。根据中国国情和相关文献，设定与测算出模拟前需要的部分变量初值和参数（见表4-1）。需要说明的是，为保障模拟结果的可靠性和避免参数设定的随意性，下文将对可能影响模拟结果的一些核心参数进行敏感性分析。

表4-1 基准参数设定

| 参数 | 设定值 | 依据 |
|---|---|---|
| 初始资本存量 $K_{2015}$（亿元） | 1038802 | 根据李宾和曾志雄（2009）方法推算 |
| 跨期替代弹性 $\sigma$ | 0.85 | 参照杨子晖（2006） |
| 折现因子 $\beta$ | 0.95 | 参照 Yang（2016） |
| 对抚养孩子支出赋予的权重 $\gamma$ | 0.9 | 经济人假设和中国文化 |
| 对赡养老人支出赋予的权重 $\chi$ | 0.8 | 参考 $\gamma$ |
| 抚养系数 $\mu$ | 0.8 | 参照 Liao（2013）和推算 |
| 养老金替代率 $\phi_1$ | 0.6 | 政府目标替代率 |
| 资本贡献份额 $\alpha$ | 0.5 | 参考 Zhu 等（2014） |
| 即将退休人口的幸存率 $\pi_r$ | 0.994 | 六普数据 |
| 全要素生产率 $A$ | 0.0151 | 校准获得 |
| 折旧率 $\delta$ | 0.05 | 参照陈昌兵（2014） |

## 第二节  模拟结果与讨论

根据人力资源和社会保障部专家的估算，设中国当前平均退出劳动力市场的年龄为 54 岁，基于此，给出维持退休制度不变的基准情景（BI），平均退出劳动力市场的年龄为 54 岁。除此之外，设计两种延迟退休情景：一种为逐步延迟退休（Gradually Delay Retirement，GDR），另一种为即时延迟退休（Immediate Delay Retirement，IDR）。其中，逐步延迟退休是每隔一年有一个队列的人退出劳动力市场，也即每年延迟半岁。如第一年 54 岁的队列退出劳动力市场，第二年没有人退出劳动力市场，第三年 55 岁的队列退出劳动力市场，直到 2035 年 64 岁的队列开始退出劳动力市场，以后各队列开始退出劳动力市场的年龄固定在 64 岁；即时延迟退休是第一年 54 岁的队列开始退休，第二年以后，没有退休的队列统一 64 岁才可以退出劳动力市场，相比逐步延迟退休，即时延迟退休强度更大。通过上述情景设定可以看出：在 2035 年前，各种延迟退休方案基本上可以完成，这也是为什么把研究区间放在 2015—2035 年的原因。无论是逐步延迟退休，还是即时延迟退休，政策主要通过影响即将退出劳动力市场的人口数量进而影响劳动人口数量和老年人数量，并最终影响收入分配和劳动人口福利水平。

## 一、基本结果

从图 4-1 可以看出：其一，无论是退休制度不变的基准情景（BI），还是逐步延迟退休情景（GDR）和即时延迟退休情景（IDR），未来劳动人口的福利都呈现一直增加的趋势，但增速下降；其二，在当前给付确定的养老制度下，相比基准情景，延迟退休情景下的劳动人口福利高于退休制度不变情景下的劳动人口福利，即延迟退休不仅没有挤占劳动人口福利，反而改善了劳动人口福利；其三，延迟退休的幅度越大，对劳动人口福利的改善作用越强。

为什么在当前给付确定的养老制度下，相比退休制度不变，延迟退休改善了劳动人口福利呢？其一，从劳动人口的抚养和赡养负担公式 $(H_i \mu w_i + \phi_1 w_i O_i) \dfrac{1}{L_i}$ 可以看出，延迟退休增加了劳动人口数量，减少了老年人口数量，降低了每个劳动人口的赡养和抚养负担，在人均收入不变的情况下，增加了每个劳动人口用于自身消费和储蓄的收入，考虑到

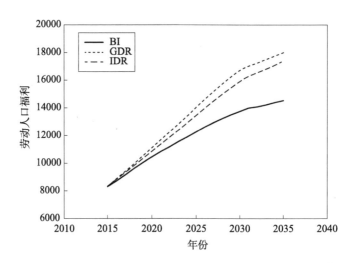

图4-1　延迟退休对劳动人口福利的影响

经济人假设下单位自身消费带来的效用大于孩子和老人单位消费带来的效用，即对孩子消费和老年人消费支出赋予的权重小于1和折现系数，进而延迟退休通过减少抚养孩子、赡养老人支出，改善了劳动人口福利；其二，延迟退休增加了劳动人口数量，减少了老年人口数量，减缓了人口和资本红利消失的速度，提高了社会总产出，进而提高了用于分配的人均产出（见图4-2），使得整体上用于自身消费、储蓄、抚养孩子以及赡养老人的份额增加，进而提高了劳动人口的福利水平。

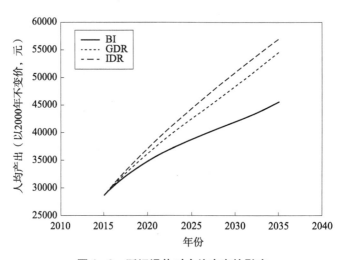

图4-2　延迟退休对人均产出的影响

## 二、稳健性分析

为保障结论的稳健性，对可能影响结论的核心参数，譬如跨期替代弹性 $\sigma$、折现因子 $\beta$、对抚养孩子支出赋予的权系数 $\gamma$ 以及对赡养老人支出赋予的权系数 $\chi$ 进行稳健性分析。为保障稳健性分析的可靠性，同时考虑到篇幅问题，分别选取比基准参数小和大的两组参数，稳健性分析如图 4 - 3 ~ 图 4 - 6 所示。

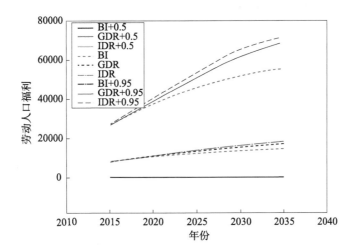

图 4 - 3　关于参数 $\sigma$ 的稳健性分析

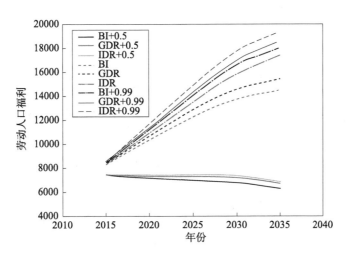

图 4 - 4　关于参数 $\beta$ 的稳健性分析

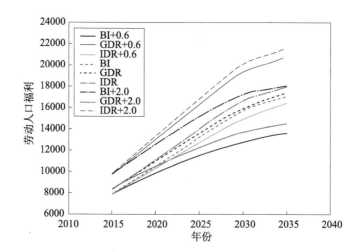

图 4 - 5 关于参数 $\gamma$ 的稳健性分析

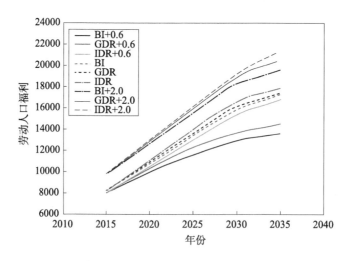

图 4 - 6 关于参数 $\chi$ 的稳健性分析

从图 4 - 3 ~ 图 4 - 6 可以看出：其一，不同的跨期替代弹性并不影响本研究分析的核心命题，即三种退休情景下劳动人口福利的比较结果，但是影响三种退休情景下劳动人口福利的绝对值和趋势性特征，如跨期替代弹性越大，劳动人口福利越高；其二，对于不同的折现系数，上述结论依然稳健，同样，折现系数的大小影响三种退休情景下劳动人口福利的绝对值，折现系数越高，劳动人口福利越高；其三，对抚养孩子支出和赡养老人支出赋予的权重系数不同，不仅不影响三种退休情景下劳动人口福利的比较结果，也基本上不影响劳动人口福利的绝对值和趋势性特征。

# 第三节　进一步探讨

在当前给付确定的养老制度下，延迟退休不仅没有挤占劳动人口的福利，反而改善了劳动人口的福利。伴随着人口世代的更迭，适龄劳动人口逐年下降，老年人口急剧增加，中国未来为应对老龄化，促进经济增长，可能进行养老制度改革，考虑未来可能从当前以支定收给付确定的养老制度转轨到以收定支缴费确定（Defined Contribution，DC）的养老制度，不同的养老制度下延迟退休对劳动人口福利的影响机制可能存在不同。为了进一步保障结论的可靠性，延迟退休在未来缴费确定的养老制度下是否会挤占劳动人口福利呢？

基于缴费确定养老制度下以收定支的特点，每期劳动人口对总老年人口的代际支持是总劳动人口收入 $w_i L_i$ 的一个固定比例 $\phi_2$。总产出分配同样由劳动人口做出，分别用于消费、储蓄、抚养子女、赡养老人四项支出，只不过第 1 期预算约束中赡养老人支出和第 2 期预算约束中抚养孩子、赡养老人的回报与给付确定养老制度下的有所不同，除此之外，生产部门决策、人口结构、人力资本以及资本运动方程基本一致。最终在缴费确定型养老保险制度下，每期劳动人口面临的决策仍然是，如何分配每期的产出，以使得当期产出带来的效用最大化，目标函数和约束条件为

$$\max U_i = \left(C_i^1\right)^\sigma + \gamma\left(H_i \mu w_i\right)^\sigma + \chi\left(\phi_2 w_i L_i\right)^\sigma + \beta\left(C_i^2\right)^\sigma$$

$$s.t. \begin{cases} C_i^1 = Y_i - S_i - H_i \mu w_i - \phi_2 w_i L_i \\ C_i^2 = S_i(1 + r_{i+1}) + \phi_2 w_{i+1} L_{i+1} \dfrac{\pi_r p_i}{O_{i+1}} - (H_i \mu w_i + \phi_2 w_i L_i) \dfrac{p_i}{L_i} \\ w_i = A(1-\alpha)(h_i)^{1-\alpha}(K_i)^\alpha(L_i)^{-\alpha} \\ w_{i+1} = A(1-\alpha)(h_{i+1})^{1-\alpha}(K_{i+1})^\alpha(L_{i+1})^{-\alpha} \quad r_{i+1} = A\alpha(h_{i+1})^{1-\alpha}(K_{i+1})^{\alpha-1}(L_{i+1})^{1-\alpha} \\ K_{i+1} = (1-\delta)K_i + S_i \\ h_i = e^{\varphi(s_i)-\varphi(s_{2015})} \\ 0 \leq \sigma, \beta, \phi_2, \gamma, \chi, \mu, \pi_r \leq 1 \end{cases}$$

$$(4-10)$$

从图4-7可以看出：其一，在缴费确定的养老制度下，无论是退休不变的基准情景（BI），还是逐步延迟退休情景（GDR）和即时延迟退休情景（IDR），未来劳动人口的福利水平依然呈现一直增加的趋势，但增速下降；其二，相比基准情景，延迟退休情景下劳动人口福利高于退休制度不变情景下的劳动人口福利，即延迟退休不仅没有挤占劳动人口福利，反而改善了劳动人口福利；其三，延迟退休的幅度越大，对劳动人口福利的改善作用越强。这意味着，从给付确定的养老制度转轨到缴费确定的养老制度，上述结论依然是稳健的。

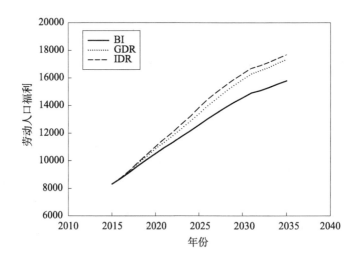

**图4-7　缴费确定下延迟退休对劳动人口福利的影响**

相比退休制度不变，在缴费确定的养老制度下，为什么延迟退休同样没有挤占劳动人口福利呢？首先，从劳动人口人均抚养和赡养负担 $\left(H_i \mu w_i + \phi_2 w_i L_i\right) \dfrac{1}{L_i}$ 来看，延迟退休增加了劳动人口数量，降低了每个劳动人口抚养子女的负担，进而在总人均收入不变的情况下，增加了劳动人口用于自身消费和储蓄的份额，考虑到经济人假设下单位自身消费带来的效用大于孩子单位消费带来的效用，对孩子消费支出赋予的权系数小于1和折现系数，进而延迟退休通过降低抚养子女支出，改善了劳动人口福利；其次，延迟退休增加了劳动人口数量，降低了社会抚养比，减缓了人口和资本红利消失的速度，进而提高了人均产出（见图4-8），使得劳动人口用于自身消费、储蓄、抚养孩子以及赡养老人的份额增加，进而提高了劳动人口的福利。

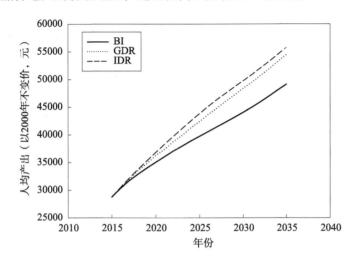

图4-8 缴费确定制度下延迟退休对人均产出的影响

## 第四节 结论与政策启示

为应对未来老龄化，提高未来养老金财务状况的可持续性，延迟退休方案一直酝酿并可能适时出台，但是学者和政府甚至民众对延迟退休是否挤占劳动人口福利依然存在担忧。为回答延迟退休是否会挤占劳动人口福利的科学问题，充分考虑中国语境，在当前给付确定的养老制度下，建立一个可以模拟延迟退休对历年劳动人口福利影响的一般均衡框架，根据现实可行的参数进行模拟发现：延迟退休不仅没有挤占劳动人口福利，反而改善了劳动人口福利，这个结论不仅对重要参数的改变是稳健的，对未来养老制度的改变也是稳健的。其机制是，延迟退休提高了人均收入，进而提高了用于消费、储蓄、抚养孩子和赡养老人的支出，改善了劳动人口福利；延迟退休降低了每个劳动人口的抚养和赡养负担，在人均收入不变的情况下，进而增加了个人消费和储蓄的份额，改善了劳动人口福利。

上述结论的政策启示在于：在实现两个百年目标的关键期，2015

年以后，为避免中国最大规模世代"60后"婴儿潮退出劳动力市场对养老保障和经济增长的冲击，基于延迟退休不仅能改善老年人福利，还可能改善劳动人口福利这一事实，我们急需向民众宣传这一发现，纠正民众的错误认识，打消学者和政府部门的顾虑，同时为应对来势汹汹的老龄化，相关职能部门应尽快拟定并及时出台延迟退休方案。延迟退休提高劳动人口福利的机制之一：单个孩子和老人的抚养和赡养成本不变，延迟退休通过增加劳动人口，进而降低单个劳动人口的抚养和赡养负担。这就需要在延迟退休的过程中，严格控制生育成本和养老金替代率的上涨幅度。本研究的贡献在于：建立了一个可延拓的动态优化模型，从一个复合福利效用的视角，模拟了延迟退休对历年劳动人口福利的影响。本研究可以改进的地方是在模型设定中加入闲暇等。

# 第五章　延迟退休的养老基金效应

　　当前世界上大多数发达国家均面临着人口结构老化、劳动供给短缺的局面，中国作为世界第一人口大国，一方面是人口总数持续增长，另一方面是平均寿命不断延长，在这样的背景下，人口老龄化在中国已经成为越来越严重的社会难题。2017年，党的十九大报告指出，要实施健康中国战略，积极应对老龄化。根据国家统计局最新数据，2017年60岁及以上的人口已经达到2.41亿，占总人口17.3%，中国老年人口比例已经严重超标。更为严重的是，中国老年人口不仅排名世界第一，人口老龄化的速度也居世界首位。随着人口老龄化程度的日益严重，养老制度内的抚养比逐渐上升，而与之直接相关的养老金收支平衡也成为社会各界人士讨论的话题。为了缓解人口老龄化导致养老金出现赤字的影响，延长退休年龄一再被人提起，这也成为应对这一负面影响的主要手段之一。2013年中共十八届三中全会提出研究制定渐进式延迟退休年龄政策；2014年时任人力资源和社会保障部部长尹蔚民表示，延长退休年龄的方案将在2020年前推出；2015年《人口与劳动绿皮书：中国人口与劳动问题报告No.16》建议延迟退休从2018年开始，2045年延长至65岁。实施延迟退休政策，已经是大势所趋，但是2013年人民网联合第三方专业调研机构的一项问卷调查显示，有68.6%的受访者反对延迟退休，而且调查显示高达66.5%的退休人员依靠养老金生活。延迟退休遭到大部分人反对的主要理由之一是，在中国，劳动强度大、时间长，延迟退休会影响个人的养老金财富。那么，延迟退休是否真的会增加宏观层面的社会养老基金结余，而又减少微观层面的个人养老金财富呢？如果答案是肯定的，面对宏观上和微观上延迟退休效应的不一致性以及国家可能适时推出的延迟退休方案，民众该如何应对，进而降低延迟退休对个人养老金财富的影响呢？这正是本研究要探讨并尝试解决的问题。

从延迟退休的宏观影响来看，袁磊（2014）、于洪和曾益（2015）以及金刚等（2016）相继采用养老保险资金缺口测算模型以及系统精算模型对统筹账户养老金财务状况进行模拟分析发现，延迟退休能够缓解社会养老金资金的缺口规模，增加社会养老金系统的可持续性。国外学者 Lacomba 和 Lagos（2010）运用两阶段模型分析得出，在改善养老金支付能力的手段中，延长退休年龄是最重要的方法；Cremer 和 Pestieau（2003）、Karlstrom 和 Svensson（2004）以及 Galasso（2008）同样基于国外样本，也发现类似的结论，而 Breyer 和 Hupfeld（2010）认为提高退休年龄是解决公共养老金亏损的关键，等等。但是也有部分学者持相反观点，如张熠（2011）构建连续时间养老金收支模型后发现，延迟退休对于养老金收支的影响，是缴费年限效应、领取年限效应、替代率效应和差异效应四种效应综合作用的结果，传统意义上延迟退休减轻养老金负担的观点并不可靠；阳义南和才国伟（2013）通过分析广东省 21 个地市在职职工的问卷调查数据，结果显示在当前基本养老保险制度下，延迟退休不一定增加养老金的支付能力；熊婧和粟芳（2017）基于养老保险的相关政策，构建了社会统筹部分的收支模型，研究表明实施延迟退休政策短期内可以有效减少养老金缺口，但长期来看，养老金压力会再次出现，等等。

从延迟退休的微观影响来看，刘万（2013）利用养老金收支模型进行分析发现，延迟退休不一定是一个坏的选择，在某些参数组合下，实行延迟退休可能会增加净养老金财富；阳义南等（2014）基于新的养老金期望精算模型，运用数值模拟后发现，延迟退休能增加女职工养老金财富和 32 岁之后参保男职工的养老金财富；余桔云（2014）采用养老金财富损益模型和交叉分析法定量地考察延迟退休对个人养老金财富的影响，发现延迟退休的影响方向和程度取决于不同的参数组合，在当前现实可行的参数下，延迟退休提升了个人养老金财富，特别是女性的；郑苏晋和王文鼎（2017）在分析受延迟退休政策影响的"中人"养老金财富时发现，延迟退休会增加"中人"

的养老金财富；薛惠元和张怡（2018）通过构建养老金财富精算模型，经过测算发现，延迟退休不一定会减少职工或居民的养老金财富。但是也有一些学者持不同的观点，Stock 和 Wise（1990）通过构建期权价值模型进行研究发现，延迟退休政策会降低个人养老金财富；彭浩然（2012）通过测算九大行业职工在不同退休年龄的养老金财富现值，得出延迟退休会导致养老金财富变少的结论；Fanti（2014）利用新古典增长模型发现，延迟退休会导致养老金财富减少。国内学者也发现类似的结论；林熙和林义（2015）基于期权价值模型进行模拟发现，在当前养老保险计发办法下，延迟退休可能对男性劳动者和低收入劳动者造成明显的经济损失，延长女性劳动者的退休年龄，也可能在特定假设条件下使其遭受经济损失；封进（2017）基于中国城镇住户调查中上海、广东、四川和辽宁四个省市 2012 年数据，采用微观计量方法考察了延迟退休政策对不同类型劳动者养老金财富的影响发现，延迟退休会使得养老金财富下降，特别是男性的个人养老金财富等。

在针对延迟退休的社会养老金效应和个人养老金财富效应的研究上，国内外学者已经取得了丰硕的成就，但是在以下两个方面还存在改进的地方。其一，大部分国内外学者针对延迟退休的社会养老金效应或者个人养老金效应进行的是单独研究，并没有将两种效应纳入统一框架下进行综合对比考虑，进而没有很好地回答公共权力部门主张推行延迟退休、民众反对延迟退休的原因，也没有阐述和发现延迟退休可能在宏观社会养老金以及微观个体养老金财富上产生的效应不一致性，正因为没有研究这种宏观和微观上的矛盾，在研究延迟退休的同时，引致学者忽视探讨国家如何出台配套性政策协调这种不一致性，民众如何应对并规避这种不一致性。其二，在研究方法上，秉着"历年存在一个开始参与工作的小伙，按照历年各个年龄段上的缴费和领取额度，探讨历年一个人从参加工作到寿命终止，一生中养老金总领取额和总缴费额之差的变化影响"的思想，构建一个能够反映"任一时点上群体特征的终身现值精算模型"的基础研究工作不多。基于此，本研究通过构建精算模型，根据现实可行参数，模拟延迟退休对社会养老金以及个人养老金财富的影响，解释政府为什么想要推出延迟退休方案，多数民众却极力反对，在此基础上，为规避这种不一致性，在延迟退休的过程中，从民众的角度，给民众支招，即提高退休后的健康素养，提升健康水平，使得民众在退休后存活时间更长。

# 第一节　社会养老金效应

在考察社会养老金效应之前，先对职工类型分类，老人定义为国发〔1997〕26 号文件实施以前退休的人员；老中人定义为国发〔1997〕26 号实施以前参加工作，国发〔1997〕26 号文件实施之后至国发〔2005〕38 号文件实施以前退休的人员；新中人定义为国发〔1997〕26 号实施以前参加工作，国发〔2005〕38 号文件实施后退休的人员；新人定义为国发〔1997〕26 号实施之后参加工作的人员。其中，老人和新人只有基础养老金；老中人和新中人既有过渡养老金，也有基础养老金。

## 一、基础模型

在测算延迟退休的社会养老金效应上，先分别测出历年的养老金收入和养老金支出，再根据养老金收入和支出之差计算出历年的当期结余。在计算出历年收入和支出之前，须先知道 2017—2050 年分年龄的城镇在职职工人数和已退休职工人数，在分年龄的在职职工和退休职工预测上，在此直接采用曾益等（2018）的数据。已知分年龄的城镇职工人数，第 $i$ 期的养老金收入等于分年龄的所有在职职工缴费收入之和，分年龄段的缴费收入等于缴费人数乘以缴费工资再乘以缴费比例，即

$$PI_i = \sum_{j=20}^{T_{i-1}} p_i(j)\,\bar{w}_i\tau \qquad (5-1)$$

其中，$PI_i$ 为第 $i$ 年的社会养老金收入；$p_i(j)$ 为第 $i$ 年年龄 $j$ 岁的在岗职工人数；$T_i$ 和 $\bar{w}_i$ 分别代表第 $i$ 年的退休年龄和在岗职工的社会平均

工资；$\tau$ 为基础社会养老金缴费率，通常设定为 0.2。

每期养老金的支出 $PE_i$ 如何计算呢？每期的养老金支出包括过渡养老金和基础养老金，其中，新人和老人没有过渡养老金。第 $i$ 期的基础养老金支出等于四种类型人的基础养老金之和，每一种类型人的基础养老金等于领取人数乘以计发基数乘以计发比例再乘以基础养老金增长率，即

$$PBE_i = \sum_{l=1}^{4} \sum_{j=a_i^l}^{b_i^l} \left[ p_i^l(j) \, \overline{J}_i^l(j) r_i^l(j) \prod_{s=i+T_i^l-j}^{i} (1 + g_s) \right] \quad (5-2)$$

其中，$PBE_i$ 为基础养老金支出，$l = 1$、$2$、$3$ 以及 $4$ 分别代表老人、老中人、新中人以及新人；$a_i^l$ 和 $b_i^l$ 分别代表 $l$ 类型人的最小和最大年龄，$g_s$ 为基础养老金历年的增长率；$p_i^l(j)$、$\overline{J}_i^l(j)$ 和 $r_i^l(j)$ 分别代表第 $i$ 期年龄为 $j$ 岁 $l$ 类型退休的人数、基础养老金计发基数与计发比例。计发基数为退休前一年的指数化社会平均工资，通常设定为退休前一年的社会平均工资；根据文件（国发〔2005〕38 号），计发比例设定如下：老人基础养老金计发比例为缴费基数的 70%，老中人基础养老金计发比例为缴费基数的 20%，新中人和新人基础养老金的计发比例为缴费年限每满一年计发 1%，其中新中人的基础养老金计发比例等于退休年龄年份减去 1998 再乘以 1%，退休年龄年份等于 $i - j + T_i^l(j)$，$T_i^l(j)$ 表示第 $i$ 年年龄 $j$ 岁 $l$ 类型退休人员的退休年龄，在退休制度不变的情况下 $T_i^l(j) = 55$。过渡养老金等于老中人过渡养老金加新中人过渡养老金，中人过渡养老金等于领取人数乘以过渡养老金计发基数再乘以计发比例，即

$$PTE_i = \sum_{l=2}^{3} \sum_{j=a_i^l}^{b_i^l} \{ p_i^l(j) \, \overline{J}_i^l(j)$$

$$\left[ 1998 - (i - j + c_i^l(j)) \right] \times 1.2\% \prod_{s=i+b_i^l-j}^{i} (1 + g_s) \} \quad (5-3)$$

其中，计发基数同样为退休前一年社会指数化平均工资，1998 减去第一次参加工作的年份，即 $1998 - (i - j + c_i^l(j))$ 为第 $i$ 年 $j$ 岁队列的视同缴费年限；$c_i^l(j)$ 表示第 $i$ 年年龄 $j$ 岁 $l$ 类型退休人员开始参加工作的

年龄，在此设定 $c_i^l(j) = 20$，中人过渡养老金计发比例均为视同缴费年限每满一年计发 $1.2\%$。第 $t$ 年基础养老金 $PBE_i$ 加过渡养老金 $PTE_i$ 等于总养老金支出 $PE_i$，总养老金收入 $PI_i$ 减去总养老金支出 $PE_i$ 等于养老金的当期结余 $BI_i$，即

$$BI_i = PI_i - (PBE_i + PTE_i) \qquad (5-4)$$

需要说明的是，不同延迟退休情景，通过影响退休年龄来影响养老金的收入，通过影响退休人员的年龄来影响未来历年新进入退休队列的退休职工领取养老金的年龄、养老金的计发基数、计发比例以及养老金增长率，进而影响养老金支出，最终影响社会养老金的当期结余。在进行模拟之前，先给出各种参数的设定。

## 二、参数设定

根据相关政策文件以及多位学者观点，社会养老金效应模拟中所涉及的相关变量与参数说明见表 5-1。

表 5-1　社会养老金效应中相关参数设定及依据

| 参数 | 设定 | 依据 |
|---|---|---|
| 年龄 | 就业年龄 20 周岁 | 《中华人民共和国劳动法》和郑功成《中国社会保障制度变迁与评估》 |
|  | 不延迟退休：退休年龄 55 周岁<br>即时延迟退休：还没有退休的队列统一延迟到 65 周岁<br>逐步延迟退休：还没有退休的队列，每年延迟 6 个月，直到延迟到 65 周岁 | 根据《国务院关于工人退休、退职的暂行办法》（国发〔1978〕104 号）规定，本研究近似设定城镇职工的平均退休年龄为 55 周岁 |
| 总和生育率 | 基准情景：1.5<br>全面二孩：2.0 | 郭志刚（2013）、尹文耀等（2013）、以及翟振武等（2015）的研究 |
| 缴费基数增长率 | 缴费基数增长率等于产出增长率 | 产出增长率陆旸和蔡昉（2016）的估算结果 |
| 缴费率 | 企业缴费比例 20%，个人缴费比例 8% | 《国务院关于完善企业职工基本养老保险制度的决定》（国发〔2005〕38 号） |

| 参数 | 设定 | 依据 |
|---|---|---|
| 养老金<br>计发比例 | 老人和老中人基础养老金计发比例分别为70%和20%<br>新人和新中人基础养老金计发比例：缴费每满一年，计发1%<br>老中人和新中人过渡性养老金计发比例：视同缴费年限每满一年，计发1.2% | 《国务院关于完善企业职工基本养老保险制度的决定》（国发〔2005〕38号） |
| 人均养老金<br>增长率 | 等于缴费基数增长率 | 陆旸和蔡昉（2016）的估算结果 |

## 三、模拟结果

宏观层次上，延迟退休政策的实施势必会对现行的社会养老保险体系造成冲击，社会养老保险基金的财务状况也会受到延迟退休政策的影响。实行延迟退休政策前后，社会养老金的财务状况又会呈现出什么样的趋势呢？本研究首先从宏观层次上分析2017—2050年延迟退休政策实施后，整个社会养老金财务状况的变化情况。

从表5-2和图5-1可以看出，宏观层次上，2017—2050年不实行延迟退休政策时，城镇职工养老金的当期结余呈现出一直下降的趋势；实行延迟退休政策，城镇职工养老金的当期结余呈现出先上升后下降的趋势，而且实行延迟退休政策的基金当期结余高于不实行延迟退休政策时的基金当期结余。这意味着，宏观上，延迟退休的确改善了社会养老金的财务状况。

表5-2　养老保险基金财务运行状况（宏观层次）　单位：亿元

| 年份 | 不延迟退休 | | | 即时退休 | | | 逐步退休 | | |
|---|---|---|---|---|---|---|---|---|---|
| | 收入 | 支出 | 当期结余 | 收入 | 支出 | 当期结余 | 收入 | 支出 | 当期结余 |
| 2017 | 35612.55 | 29958.38 | 5654.17 | 36414.64 | 28306.16 | 8108.48 | 35612.55 | 29958.38 | 5654.17 |
| 2018 | 37809.34 | 33574.24 | 4235.10 | 39846.57 | 29390.50 | 10456.07 | 38991.95 | 31150.93 | 7841.02 |
| 2020 | 42594.40 | 41183.16 | 1411.24 | 47339.86 | 31488.44 | 15851.42 | 45033.84 | 36296.35 | 8737.49 |
| 2021 | 45122.57 | 44946.14 | 176.43 | 51472.96 | 32122.73 | 19350.23 | 47749.57 | 39906.26 | 7843.31 |

| 年份 | 不延迟退休 | | | 即时退休 | | | 逐步退休 | | |
|---|---|---|---|---|---|---|---|---|---|
| | 收入 | 支出 | 当期结余 | 收入 | 支出 | 当期结余 | 收入 | 支出 | 当期结余 |
| 2022 | 47407.89 | 48576.11 | -1168.22 | 55280.64 | 32694.59 | 22586.05 | 51369.92 | 40869.82 | 10500.10 |
| 2025 | 53975.87 | 62993.64 | -9017.77 | 68441.96 | 33987.91 | 34454.05 | 60730.18 | 50494.78 | 10235.40 |
| 2030 | 66032.61 | 88196.46 | -22163.85 | 86595.96 | 52142.85 | 34453.11 | 80665.00 | 62072.46 | 18592.54 |
| 2035 | 80522.86 | 117202.77 | -36679.91 | 104965.36 | 82026.94 | 22938.42 | 102468.23 | 81807.40 | 20660.83 |
| 2040 | 102424.76 | 154568.89 | -52144.13 | 133272.23 | 117145.47 | 16126.76 | 133272.23 | 110280.11 | 22992.12 |
| 2045 | 119284.99 | 203386.90 | -84101.91 | 163100.94 | 151401.74 | 11699.20 | 163100.94 | 144820.25 | 18280.69 |
| 2049 | 132636.28 | 235627.23 | -102990.95 | 182589.75 | 180542.88 | 2046.87 | 182589.75 | 174976.53 | 7613.22 |
| 2050 | 136016.55 | 243348.95 | -107332.40 | 187207.38 | 187867.59 | -660.21 | 187207.38 | 182629.54 | 4577.84 |

注：表中未列出全部年份数据。

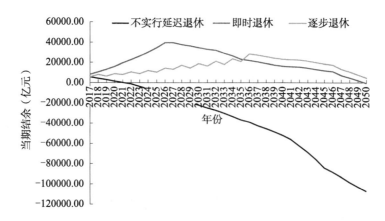

**图 5 - 1  2017—2050 年不同延迟退休方案下养老保险基金当期结余对比**

在实行不同的延迟退休政策时，2036 年以前，即时退休方案下的养老金当期结余要多于逐步退休方案下的养老金当期结余，2017—2035 年增加养老金当期结余幅度 11.02% ~ 43.41%；2036 年及以后，即时退休方案下的养老金当期结余要少于逐步退休方案下的养老金当期结余，2036—2050 年减少养老金当期结余幅度 22.96% ~ 114.42%。

2017—2050 年，不实行延迟退休的情景中，2017 年当期结余 5654.17 亿元，2050 年当期赤字 107332.40 亿元，2022 年出现当期赤字；实行即时退休政策后，2017 年当期结余 8108.48 亿元，2050 年当期赤字 660.21 亿元，2050 年出现当期赤字；实行逐步退休政策后，2017 年当期结余 5654.17 亿元，2050 年当期结余 4577.84 亿元，2017—2050 年无当期赤字出现。这意味着，宏观上，2017—2050 年，延迟退休大体上使得社会养老金财富状况当期不出现赤字。

相比不延迟退休，延迟退休政策为何可以改善 2017—2050 年城镇职工养老金的财务状况呢？从养老金支出来看，无论是即时退休还是逐步退休，延迟退休的实施使得 55～64 岁年龄段的人不再享受城镇职工养老金待遇，这一部分退休人员的减少使得养老金支出减少；从养老金收入来看，55～64 岁年龄段的人由领取人口转变为缴费人口，缴费人员的增加会使得养老金的收入增加。总体来看，在延迟退休的情景下，养老金的收入始终在增加，而养老金的支出一直在减少，故 2017—2050 年城镇职工养老金的当期结余一直高于不延迟退休情景下的养老金当期结余。

为何 2036 年以前，即时退休方案的养老金当期结余高于逐步退休方案下的养老金当期结余，而 2036 年之后呈现相反的趋势呢？这与延迟退休的方案设计有关，即时退休，延迟退休政策从 2017 年开始，2026 年结束；逐步退休，延迟退休政策从 2017 年开始，2036 年结束。

2036 年以前，从养老金收入来看，即时退休与逐步退休的缴费基数一样，但是即时退休中的缴费人口始终多于逐步退休中的缴费人口；从养老金支出来看，不同延迟退休方案下同一年龄段的计发基数基本一样，但是逐步退休方案下的领取人口多于即时退休方案下的领取人口。总体来看，2036 年以前，即时退休方案下养老金收入高、支出低，逐步退休方案下养老金收入低、支出高，逐步退休方案下的养老金当期结余少于即时退休方案下的养老金当期结余。

2036 年以后，从养老金收入来看，不同延迟退休方案下，缴费基数一样，缴费人口相等，养老金收入无差异。从养老金支出来看，两种方案下领取养老金人口一样，但是延迟退休方案的不同导致退休领取养老金待遇的人口退休时间上有差异，即时退休的养老金支出高于逐步退休的养老金支出。综合来看，2036 年之后，逐步退休方案下的养老金当期结余多于即时退休方案下的养老金当期结余。

# 第二节　个人养老金效应

延迟退休对社会养老金财富的影响，从宏观政府的视角来看，无论是逐步延迟退休，还是即时延迟退休，都显著地改善了社会养老金的财务状况，至少使得在 2050 年前，即实现两个百年目标的关键期，社会养老金当期结余不出现赤字。为什么在微观个人层面，大家反对延迟退休呢？人民网和中国青年报的调查结果均显示，超九成的民众反对延迟退休，那从个人养老金层面，延迟退休是否有损人民福利呢？

## 一、基础模型

反映任一时点上群体特征的终身现值精算模型的基本思想：历年均有一个开始参加工作的理性青年小伙，按照当年的城镇职工基础养老金制度中各个年龄队列上的缴费和领取办法，从开始参加工作到走完自己的一生，一生总缴费额度是多少，一生总领取养老金额度是多少，总领取养老金额度与总缴费额度之差是多少。

第 $i$ 年这一小伙一生缴纳多少养老金呢？参加工作时的年龄为 $C_i$，退休时的年龄为 $T_i$，从参加工作一直到退休，此阶段下年龄为 $k$ 岁时的幸存率为 $\pi_i(k)$，如果第 $i$ 年缴费基数和缴费比例分别为 $\overline{w}_i$ 和 $\tau_i$，按照当前的养老制度，第 $i$ 年这一小伙一生可能缴纳的个人养老金支出 $AE_i$ 为

$$AE_i = \sum_{j=C_i}^{T_{i-1}} \prod_{k=C_i}^{j} \pi_i(k)\, \overline{w}_i \tau_i \qquad (5-5)$$

第 $i$ 年这一小伙一生领取多少养老金呢？退休年龄为 $T_i$，最大幸存年龄为 $V_i$，从退休直到死亡，年龄为 $k$ 岁时的幸存率为 $\pi_i(k)$，参照张心洁等（2018）关于城镇职工养老金支出的计算，第 $i$ 年社会职工基本养老金总支出以及领取社会职工基本养老金的人数分别记为 $PE_i$ 和 $RN_i$，则按照当前的养老制度，第 $i$ 年这一小伙一生可能领取的

个人养老金收入 $AI_i$ 为

$$AI_i = \sum_{j=T_i}^{V_i} \prod_{k=T_i}^{j} \pi_i(k) * \frac{PE_i}{RN_i} \qquad (5-6)$$

按照第 $i$ 年城镇职工养老金制度，第 $i$ 年这一小伙一生缴纳的养老金支出为 $AE_i$，总领取的养老金收入为 $AI_i$，净收益 $BE_i$ 为总领取额 $AI_i$ 减去总支出额 $AE_i$，则有

$$BE_i = AI_i - AE_i \qquad (5-7)$$

相比退休制度不变，如果延迟退休使得自己退休后领取的养老金收入与工作时缴纳的养老金支出之差（净收益）减少，说明延迟退休对个人养老金财富是不利的，反之则说明延迟退休改善了个人养老金财富。不同延迟退休情景通过影响退休年龄来影响这个小伙一生的总缴费额，通过影响未来历年新进入退休队列的职工人数、领取养老金年龄、养老金计发基数、计发比例以及养老金增长率来影响这个小伙一生的养老金领取额。

## 二、参数设定

在进行模拟之前，通过引证学者观点以及相关政策文件，给出各种参数设定以及依据，具体见表 5-3。

表 5-3　个人养老金效应中相关参数设定及依据

| 参数 | 设定 | 依据 |
|---|---|---|
| 年龄 | 就业年龄 20 周岁 | 《中华人民共和国劳动法》和郑功成《中国社会保障制度变迁与评估》 |
|  | 不延迟退休：退休年龄 55 周岁<br>即时延迟退休：还没有退休的队列统一延迟到 65 周岁<br>逐步延迟退休：还没有退休的队列，每年延迟 6 个月，直到延迟到 65 周岁 | 根据《国务院关于工人退休、退职的暂行办法》（国发〔1978〕104 号）规定，本研究近似设定城镇职工的平均退休年龄为 55 周岁 |
| 缴费基数增长率 | 缴费基数增长率和养老金增长率均等于产出增长率 | 产出增长率参照陆旸和蔡昉（2016）的估算结果 |

| 参数 | 设定 | 依据 |
|------|------|------|
| 缴费率 | 企业缴费比例20%，个人缴费比例8% | 《国务院关于完善企业职工基本养老保险制度的决定》（国发〔2005〕38号） |
| 幸存率 | 根据《2015年全国1%人口抽样调查》提供的城镇分年龄幸存率计算 | 《2015年全国1%人口抽样调查》 |

## 三、模拟结果

微观层次上，从个人的生命周期来看，延迟退休政策的实施可能会导致个人缴费时间的延长以及养老金领取时间的缩短，由此带来个人养老金财富减少，退休后个人养老金利益受损。但是上述推断是否会成立？延迟退休的实施会对个人养老金财富造成多大的影响？在2017—2050年延迟退休政策实施后，本书将从微观层次上进一步回答个人在整个生命周期内的养老金净收益因为不同延退情景而发生的变化情况。

从表5-4和图5-2可以看出，在个人生命周期内的微观层次上，2017—2050年，不实行延迟退休政策时，个人生命周期内养老金净收益呈现出一直上升的趋势且都是正向收益；实行延迟退休政策后，个人生命周期内的养老金净收益呈现出先明显下降后轻微下降的趋势，在净收益下降的过程中，个人养老金净收益出现了负向收益。从个人生命周期内的养老金净收益来看，不实行延迟退休的个人养老金净收益高于实行延迟退休政策的个人养老金净收益。这意味着，相比退休情景不变，实行延迟退休损害了个人生命周期内的养老金净收益，不仅低于退休不变情景下个人养老金净收益，还低于当前个人养老金净收益，甚至还可能使得领取的养老金总额低于上缴的养老金总额。

表 5 - 4　个人生命周期内养老金收益（微观层次）　　　单位：万元

| 年份 | 不延迟退休 | | | 即时退休 | | | 逐步退休 | | |
|---|---|---|---|---|---|---|---|---|---|
| | 总缴费 | 总领取 | 净收益 | 总缴费 | 总领取 | 净收益 | 总缴费 | 总领取 | 净收益 |
| 2017 | 46.93 | 88.54 | 41.61 | 48.24 | 86.57 | 38.33 | 46.93 | 88.54 | 41.61 |
| 2018 | 49.97 | 92.41 | 42.44 | 52.76 | 88.47 | 35.71 | 51.37 | 90.59 | 39.22 |
| 2020 | 56.67 | 101.36 | 44.69 | 62.96 | 91.98 | 29.02 | 59.83 | 96.77 | 36.94 |
| 2025 | 74.19 | 123.00 | 48.81 | 92.48 | 93.06 | 0.58 | 82.42 | 111.31 | 28.89 |
| 2026 | 78.12 | 127.24 | 49.12 | 99.45 | 92.06 | -7.39 | 88.92 | 111.20 | 22.28 |
| 2030 | 93.21 | 146.48 | 53.27 | 118.66 | 111.58 | -7.08 | 111.17 | 120.07 | 8.90 |
| 2033 | 106.06 | 162.88 | 56.82 | 135.02 | 127.95 | -7.07 | 129.36 | 131.09 | 1.73 |
| 2034 | 110.67 | 168.88 | 58.21 | 140.88 | 133.90 | -6.98 | 137.94 | 130.30 | -7.64 |
| 2035 | 115.48 | 175.19 | 59.71 | 147.00 | 140.13 | -6.87 | 143.93 | 136.59 | -7.34 |
| 2036 | 120.49 | 181.47 | 60.98 | 153.39 | 146.30 | -7.09 | 153.39 | 135.62 | -17.77 |
| 2040 | 141.68 | 209.82 | 68.14 | 180.36 | 173.57 | -6.79 | 180.36 | 163.40 | -16.96 |
| 2045 | 169.42 | 246.33 | 76.91 | 215.67 | 208.07 | -7.60 | 215.67 | 199.02 | -16.65 |
| 2050 | 196.11 | 281.70 | 85.59 | 249.65 | 240.81 | -8.84 | 249.65 | 234.09 | -15.56 |

注：表中未列出全部年份数据。

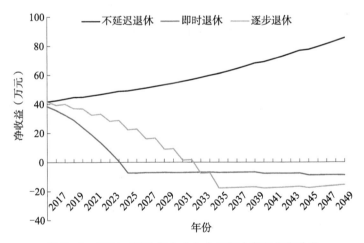

图 5 - 2　2017—2050 年个人生命周期内养老金净收益

注：图中未列出全部年份。

　　在实行不同的延迟退休政策时，2034 年以前，逐步退休方案下的个人养老金净收益一直高于即时退休方案下的个人养老金净收益；2034 年及以后，即时退休方案下的个人养老金净收益高于逐步退休方案下的个人养老金净收益。

2017—2050 年，不实行延迟退休的情景中，2017 年个人养老金净收益 41.61 万元，2050 年个人养老金净收益 85.59 万元，其间个人养老金净收益均为正向收益；实行即时退休政策后，2017 年个人养老金净收益 38.33 万元，2050 年个人养老金净亏损 8.84 万元，2026—2050 年个人出现负向收益；实行逐步退休政策后，2017 年个人养老金净收益 41.61 万元，2050 年个人养老金净亏损 15.56 万元，2034 年个人出现负向收益，2036 年个人养老金净收益最低，净亏损最高。

为何实行延迟退休之后，个人生命周期内养老金净收益始终低于不延迟退休情景下的养老金净收益呢？从个人养老金缴费来看，不实行延迟退休的情况下，个人在 55 岁及以后不再缴纳养老金费用；而实行延迟退休政策之后，个人缴费养老金费用年限进一步延长，从而导致个人养老金缴纳费用的增加。从个人养老金领取来看，在不实行延迟退休时，个人从 55 岁开始领取养老金，领取养老金的年限大于延迟退休后领取养老金的年限。整体上，相比不实行延迟退休的情景，延迟退休政策下养老金缴纳费用高，养老金领取额度低，从而导致实行延迟退休后的个人养老金净收益始终低于不延迟退休情景下的个人养老金净收益。

为何 2034 年之前，逐步退休方案下的个人养老金净收益高于即时退休方案下的个人养老金净收益，2034 年之后相反呢？在不同的延迟退休方案之下，延迟退休到 65 岁结束的时间不一样，所以延迟退休策略的不同也会导致个人养老金净收益出现差异。

2034 年以前，从个人养老金缴费来看，即时退休与逐步退休两种方案下同一年龄段缴费基数一样，但是即时退休方案下 2026 年就已经完成了延迟到 65 岁退休的任务，相比逐步退休，即时退休缴费年限更长，所以导致即时退休的个人养老金总缴费多于逐步退休的个人养老金总缴费；从个人养老金领取来看，由于即时退休方案比逐步退休方案更早完成延迟退休的目标，所以即时退休方案下养老金领取年限短，个人领取养老金少。综合来看，2034 年以前，即时退休方案下个人养老金缴费高，领取额度低；逐步退休方案下个人养老金缴费低，领取额度高，逐步退休方案下个人养老金净收益多于即时退休方案下个人养老金净收益。

2034 年以后，逐步退休方案也已经基本完成了延迟到 65 岁退休的目标，从个人养老金缴费来看，两种方案下个人缴费基数一样，缴费年限相同，个人养老金总缴费在两种方案下相等；从个人领取养老金来看，两种方案下个人养老金领取年限基本相同，但是因为即时方案更早完成延迟 65 岁退休的目标，所以相比逐步退休，同一年龄段即时退休的领取金额更高。综上，2034 年以后，两种方案下个人养老金缴费一样，即时退休的养老金领取额度多于逐步退休的养老金领取额度，从而导致即时退休的个人养老金净收益高于逐步退休的个人养老金净收益。

# 第三节　效应不一致的应对策略

通过上述分析，在社会养老金统筹的宏观层面上，延迟退休有助于提高养老金收入、降低养老金支出，养老金的当期结余会得到改善；但是从个人养老金的微观层面来看，实施延迟退休会增加个人缴费，降低个人领取额度，并最终恶化个人养老金的财富状况。通过宏观和微观的比较，延迟退休对于社会层面和个人层面的影响出现了效应不一致的局面，即延迟退休对社会整体有利，但是损害了个人财富。面对宏观上和微观上延迟退休效应的不一致性以及国家可能适时推出的延迟退休方案，民众该如何应对，进而降低延迟退休对个人养老金财富的影响呢？

## 一、情景设计

延迟退休政策之所以会造成个人财富的损失，最主要的原因是养老金缴费年限的延长、领取年限的缩短，最终使得个人缴纳费用与领取费用不成比例，甚至于领取养老金额与缴纳养老金额的差出现负值。基于此，民众可以通过两种方式规避延迟退休对个人养老金财富的影响：其一，延长受教育年限，晚进入劳动力市场；其二，存活的时间更长，增加领取的年限。对于受延迟退休影响最大的临退休人员，延长受教育年限已是过去时，唯一可行的是存活的时间更长。如果我们退休注重健康素养的提升，具有更健康的体魄，是否可以规避延迟退休对个人养老金财富的损失呢？基于此，本研究设计以下几种情景来探讨养老金在宏观层面上和微观层面上效应不一致的应对策略（见表5-5）。

表5-5　情景设计内容

| 编号 | 情景类别 | 情景内容 | | |
|---|---|---|---|---|
| | | 生育政策 | 延迟退休政策 | 提升健康素养 |
| 1 | 基准情景 | 全面二孩 | 无 | 无 |
| 2 | 对比情景 | 全面二孩 | 即时退休 | 无 |
| 3 | | 全面二孩 | | 55～100岁人员死亡率降低20% |
| 4 | | 全面二孩 | | 55～100岁人员死亡率降低50% |
| 5 | | 全面二孩 | 逐步退休 | 无 |
| 6 | | 全面二孩 | | 55～100岁人员死亡率降低20% |
| 7 | | 全面二孩 | | 55～100岁人员死亡率降低50% |

## 二、模拟结果

为了改善个人养老金利益受损的局面，本研究在延迟退休政策的基础上，考察民众提升退休以后的存活概率后个人养老金净收益的结果和变化趋势，具体见表5-6和图5-3。

表5-6　提升健康素养后个人养老金净收益　　　　单位：万元

| 年份 | 基准情景净收益 | 即时退休净收益 | | | 逐步退休净收益 | | |
|---|---|---|---|---|---|---|---|
| | | 死亡率不变 | 死亡率降低20% | 死亡率降低50% | 死亡率不变 | 死亡率降低20% | 死亡率降低50% |
| 2017 | 41.62 | 38.34 | 44.31 | 56.14 | 41.62 | 47.53 | 59.22 |
| 2018 | 42.43 | 35.71 | 42.03 | 54.55 | 39.22 | 45.47 | 57.85 |
| 2020 | 44.69 | 29.02 | 36.08 | 50.06 | 36.94 | 43.85 | 57.54 |
| 2025 | 48.81 | 0.58 | 9.21 | 26.40 | 28.89 | 37.43 | 54.35 |
| 2026 | 49.12 | -7.39 | 1.49 | 19.22 | 22.28 | 31.13 | 48.67 |
| 2027 | 50.05 | -7.46 | 1.85 | 20.43 | 22.72 | 31.93 | 50.18 |
| 2030 | 53.27 | -7.08 | 3.69 | 25.18 | 8.90 | 19.19 | 39.65 |

| 年份 | 基准情景净收益 | 即时退休净收益 | | | 逐步退休净收益 | | |
|---|---|---|---|---|---|---|---|
| | | 死亡率不变 | 死亡率降低20% | 死亡率降低50% | 死亡率不变 | 死亡率降低20% | 死亡率降低50% |
| 2033 | 56.82 | −7.07 | 5.28 | 29.93 | 1.73 | 13.41 | 36.66 |
| 2034 | 58.21 | −6.99 | 5.94 | 31.74 | −7.64 | 4.44 | 28.50 |
| 2035 | 59.72 | −6.88 | 6.65 | 33.65 | −7.35 | 5.31 | 30.54 |
| 2036 | 60.97 | −7.09 | 7.03 | 35.22 | −17.77 | −4.69 | 21.42 |
| 2037 | 62.53 | −7.02 | 7.72 | 37.14 | −17.57 | −3.86 | 23.51 |
| 2042 | 70.80 | −7.71 | 10.32 | 46.29 | −17.54 | −0.47 | 33.59 |
| 2043 | 72.70 | −7.70 | 10.99 | 48.29 | −17.30 | 0.45 | 35.88 |
| 2050 | 85.60 | −8.84 | 14.41 | 60.80 | −15.56 | 7.04 | 52.13 |

注：表中未列出全部年份数据。

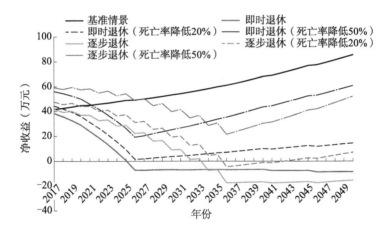

**图 5 – 3　2017—2050 年降低死亡率后个人养老金净收益**

注：图中未列出全部年份。

通过表 5 – 6 和图 5 – 3 可知，2017—2050 年，无论民众是否提升退休后的健康素养，在延迟退休政策下，个人生命周期内的养老金净收益均呈现出先下降后上升的趋势。民众提升退休后的健康素养，退休人员的死亡率降低以后，个人生命周期内的养老金净收益得到改善，死亡率降低幅度越大，养老金收益提高的幅度越大。

在民众提升退休后的健康素养下，2017—2050 年，在即时退休和逐步退休政策下，死亡率降低 50% 情景下的个人养老金净收益最高，死亡率降低 20% 情景的个人养老金净收益次之，二者均高于民众不提升退休后的健康素养时的个人养老金净收益。与基准情景相比，民众提升退休后的健康素养也改善了延迟退休政策下个人生命周期内养老金净收益一直低于不实行延迟退休政策下个人养老金净收益的局面。

2017—2050 年，即时退休政策下，2026 年个人生命周期内养老金净收益最低，55～100 岁的死亡率降低 20% 之后，2017 年个人养老金净收益 44.31 万元，2050 年个人养老金净收益 14.41 万元，期间个人养老金净收益均为正向收益；死亡率降低 50% 之后，2017 年个人养老金净收益 56.14 万元，2050 年个人养老金净收益 60.80 万元，同样个人养老金净收益均为正向收益。逐步退休政策下，2036 年个人生命周期内养老金净收益最低，55～100 岁的死亡率降低 20% 之后，2017 年个人养老金净收益 47.53 万元，2050 年个人养老金净收益 7.04 万元，2036 年出现负向收益，2043 再次出现正向收益直到 2050 年；死亡率降低 50% 之后，2017 年个人养老金净收益 59.22 万元，2050 年个人养老金净收益 52.13 万元，同样个人养老金无负向收益出现。

与基准情景相比，降低退休人员的死亡率为何可以改善个人养老金？从个人养老金缴费来看，民众提升退休后的健康素养前后，延迟退休方案下劳动力的缴费年限与缴费基数并没有发生改变；从个人养老金领取来看，虽然同一年龄段上个人养老金领取额度与之前一样，但是民众提升退休后的健康素养使得退休人员死亡率降低，寿命得以提升，个人养老金领取年限延长，个人在整个生命周期内领取的养老金总额度增加。总体上，民众提升退休后的健康素养使得老年人在生命周期内的个人养老金净收益增加，养老金利益受损甚至出现负向收益的局面得到改善。

为什么退休人员死亡率越低，个人养老金净收益越高呢？在个人养老金缴费上，退休人员死亡率的降低对个人养老金的缴费并无影响。从个人养老金领取来看，即时退休方案下民众提升退休后的健康素养前后，个人养老金每年领取金额一样，但是退休人员死亡率降低

50% 的情景下，其退休人员寿命延长年限高于死亡率降低 20% 的情景，且二者均高于死亡率不变时的情景；在个人养老金领取总额度上，死亡率降低 50% 的情景退休人员最高，死亡率降低 20% 时退休人员次之，最低的是死亡率不变时的退休人员。同理，逐步退休方案下的个人领取总额度也是一样的。综合来看，在不同的延迟退休方案下，退休人员死亡率越低，个人养老金净收益越高。

## 第四节　结论与政策启示

在我国人口老龄化日益严重的大背景下，宏观社会层面上，延迟退休越来越成为公共权力部门应对养老金支付危机的主要对策之一。微观个人层面，调查显示，大部分民众反对延迟退休政策的出台，究其原因，主要是担心个人养老金财富净收益减少。宏观上，延迟退休真的能够改善养老金财务状况，减少财政负担吗？微观上，延迟退休真的会降低个人养老金财富，损害民众福利吗？为回答这两个科学问题，构建精算模型，根据现实可行的参数，进行模拟发现：①从延迟退休的社会养老金效应来看，相比退休制度不变，延迟退休至少使得 2050 年社会养老金当期收支不出现赤字，即延迟退休会增加社会养老金的收入，减少社会养老金的支出，改善社会养老金的当期结余；同时相比退休制度不变下当期结余逐年下降，延迟退休情景下当期结余呈现先上升后下降的趋势，驻点分别是 2026 年和 2036 年，并且 2036 年之前即时退休效果较好，之后逐步退休效果较高。整体上，即时退休好于逐步退休。②从延迟退休的个人养老金效应来看，相比退休制度不变下个人生命周期内的净收益一直上升的趋势，延迟退休降低了生命周期内个人养老金的净收益，使得个人净收益呈现先急剧下降后平缓下降的态势，特别是使得即时退休和逐步退休分别于 2026 年和 2036 年个人净收益转负。延迟退休会增加个人缴纳费用，减少个人领取养老金额度，恶化个人养老金财富净收益；不同延迟退休方案下，短期内即时退休损害个人养老金财富程度严重，长期来看，逐步退休方案损害个人养老金财富严重。整体上，即时退休损害更严重。

　　宏观上，相比退休制度不变，延迟退休改善了社会养老金的财务状况，降低了财政负担，是积极有效的；但是微观上，延迟退休损害了个人生命周期内的养老金福利，使得个人生命周期内的养老金福利低于退休制度不变下的养老金福利，低于当前个人养老金福利，甚至使得未来个人生命周期内的养老金净收益为负。这意味着，在宏观和微观上，延迟退休使得社会福利目标和个人福利产生了不一致性，宏观上延迟退休是好的，微观上延迟退休损害了个人福利。当延迟退休的宏观目标和微观家庭目标冲突时，当延迟退休的国家利益和家庭利益冲突时，在社会主义国家，通常个人利益服从集体利益，家庭意志服从国家意志。面对延迟退休在宏观和微观效应上的不一致性，作为民众，我们该如何应对不一致性，尽量降低延迟退休对个人养老金财富的损失呢？正如人社部副部长汤涛在全国政协总工会界别小组会议表示的，延迟退休是大势所趋。对于国家延迟退休大势所趋的意志，我们民众如何应对延迟退休呢？提升自己退休前后的健康素养，包括关于健康的基本知识和理念、健康生活方式与行为，以及提升健康水平的基本技能，最终增强自己的健康水平，提高自己退休后的存活寿命，降低延迟退休对个人福利的损失，以避免延迟退休下个人生命周期内养老金财富为负的情景。

# 第六章　延迟退休的老年人福利效应

截至 2017 年年底，中国 60 岁及以上老年人口为 2.41 亿人，占总人口的 17.3%，已突破国际警戒线 10%。从人口规模看，2017 年新增老年人口首次超过 1000 万，预计到 2050 年前后，中国老年人口数量将达到峰值 4.87 亿，占总人口的 34.9%，成为当时世界上老年人口最多的国家。2050 年前，兑现基本养老保险制度中保障职工未来基本福利的承诺是两个百年目标的重要内涵之一。人口老龄化的加速到来，经济增速的持续下行，劳动人口负担的节节攀升，国家的基础养老金支付压力逐年增大，未来能否保障老年人的养老福利，这关乎未来中国两个百年目标的实现。在此背景下，为了有效应对银发潮和长寿风险的到来，给产业结构升级和技术进步争取时间，缓解未来养老金的支付压力和持续改善老年人养老福利，最终顺利实现两个百年目标、增进社会福利，政府多年以来一直在不断酝酿延迟退休方案。截至目前，延迟退休方案迟迟没有正式公布，部分原因在于有关学者对延迟退休政策效应的评估结果尚不足以使得政府和民众完全信服。如在延迟退休能否增进老年人养老福利等核心问题上，目前学者们仍未达成共识，因而亟须重新审视与深入研究。关于延迟退休对老年人养老福利的影响文献中，多数学者从社会养老财务状况和个人养老金收益两个维度上加以探讨，在延迟退休是否会改善社会养老金财务状况和降低个人养老金财务等问题上，不同的学者又持不同的观点。

在社会养老金财务状况维度上，一部分学者认为，延迟退休能够提高社会养老金系统的可持续性，保障未来老年人的社会养老福利。譬如，袁磊（2014）、于洪和曾益（2015）以及金刚等（2016）相继采用养老保险资金缺口测算模型以及系统精算模型对统筹账户养老金财务状况进行模拟分析发现，延迟退休能够缓解养老金资金的缺口规模，增加社会养老金系统的可持续性，保障未来老年人的养老福利；梁宏（2018）、田月红和赵湘（2018）、王翠琴等（2018）以及于文广等（2018）在精算模型中进一步考虑不同的职工类型、更多的延退情景以及引入了法定工龄工资进行模拟发现，上述结论依然稳健，即延迟退休对于缓解养老保险收支压力的作用明显，能够实现社会养老金财务状况的可持续性，同时进一步发现，对"新人"养老金支出规模的影响要高于对"中人"的影响等；Cremer 和 Pestieau（2003）、Karlstrom 等（2004）以及 Galasso（2008）基于国外样本，也发现类似的结论；严成樑（2017）通过构建一个包含延迟退休的跨期迭代模型进行推理发现，延迟退休会使得养老金替代率上升，提高老年人养老福利。在社会养老金财务状况维度上，另一部分学者却持有不同的观点。譬如，张熠（2011）通过建立连续时间养老金收支模型进行理论推理发现，延迟退休的老年人养老福利效应取决于缴费年限效应、领取年限效应、替代率效应和差异效应的综合效力，进而延迟退休必将减轻政府在养老保险方面负担的传统说法并不全面；邹铁钉（2017）运用养老金缺口度量模型对比分析了延迟退休和养老保险制度并轨的政策效果与就业效应发现，延迟退休无法从根源上解决养老金亏空问题，其不但会降低现存工作代在退休后的养老待遇，还会加重延迟退休到期以后若干新生代的养老负担等；国外学者 Weller（2002）和 Miyazaki（2014）也发现，延迟退休不仅难以应对养老金缺口扩大的局面，还会导致税基下降，低收入群体的养老金待遇降低，从长期来看，延迟退休很难发挥缓解养老金支付危机的作用。

在个人养老金财富维度上，一部分学者认为，延迟退休可以提高个人养老金财富。譬如，阳义南等（2014）基于新的养老金期望精算模型，运用数值模拟后发现，延迟退休能增加女职工养老金财富和32岁之后参保男职工的养老金财富；余桔云（2014）采用养老金财富损益模型和交叉分析法定量考察延迟退休对个人养老金财富的影响发现，延迟退休的影响方向和程度取决于不同的参数组合，在当前现实可行的参数下，延迟退休提升了个人养老金财富，特别是女性的；郑苏晋和王文鼎（2017）以"中人"职工为研究对象，运用精算现值法探讨了延迟退休对个人养老金财富的影响发现，延迟退休会增加职工个人账户养老金财富且寿命越长这种效应越明显；薛惠元和张怡（2018）采用养老金精算模型进行模拟发现，延迟退休对居民个人账户养老金财富的影响取决于延迟退休程度、职工缴费基数或居民所选择的缴费档次的高低。在个人养老金财富维度上，另一些学者却持有不同的观点。Stock 和 Wise（1990）通过构建期权价值模型进行研究发现，延迟退休政策会降低个人的养老金财富，彭浩然（2012）通过测算九大行业职工在不同退休年龄的养老金财富现值后发现类似的结论；刘万（2013）借助养老金财富模型进行分析发现，延迟退休对职工利益的影响取决于养老金参数的不同水平组合，如工资增长率越高，越有利于延迟退休，养老金增长率越低和养老金贴现率越高，越不利于延迟退休。Fanti（2014）在新古典增长模型的框架内采用世代交叠模型进行理论研究发现，延迟退休会导致养老金财富减少；林熙和林义（2015）采用期权现值模型进行研究发现，延迟退休可能对男性劳动者和低收入劳动者造成明显的经济损失，甚至在某种条件下也会损害女性劳动者的经济福利；封进（2017）基于中国城镇住户调查中上海、广东、四川和辽宁四个省市 2012 年数据，采用微观计量方法考察了延迟退休政策对不同类型劳动者的养老金财富的影响发现，延迟退休会使养老金财富下降，特别是男性个人账户的养老金财富。

相比上述研究，本研究有以下边际贡献：从研究视角上，之前多数学者从宏观社会养老金可持续以及微观个人养老金财富去探讨延迟退休的老年人养老福利效应，但是在代际赡养占主导的中国，综合宏观社会和微观个体，本研究基于更具有广泛意义的代际支持视角。在研究方法上，多数学者要么从精算角度，要么从计量角度，但是在精算和微观计量中很多原本内生且受延迟退休政策本身影响的参数通常被设定为外生，进而不能很好地去模拟真实的行为决策，为规避这一问题，把研究延迟退休对老年人养老福利的影响分析放在一个纯经济学的、有经济学故事的动态一般均衡框架内加以考虑。虽然也有学者采用动态一般均衡框架研究延迟退休的养老福利效果（Fanti，2014；

严成樑，2017），但是其忽视延迟退休对全要素生产率的影响，同时其没有很好地模拟延迟退休对短期历年老年人养老福利的影响。在模型设定上，多数学者探讨延迟退休的老年人养老福利效应，通常没有很好地结合当前中国以支定收给付确定的养老制度，没有考虑延迟退休对劳动人口年龄结构，进而对全要素生产率的影响。最终，在给付确定的养老制度下，从代际支持的经济福利视角，考虑延迟退休对全要素生产率的影响，在动态一般均衡框架下，回答延迟退休是否会改善未来历年老年人经济福利等科学问题，通过改变全要素生产率驻点时的劳动人口平均年龄、模型中核心参数取值以及给付确定的养老制度进行敏感性分析，进而保障文章结论的可靠性。

## 第一节　理论模型框架

### 一、基础模型构建

借鉴陆旸和蔡昉（2014）、Miyazaki（2014）以及 Yang（2016）的做法，将每期人口划分成三种类型：青少年、劳动人口与老年人口。其中，老年人口和青少年均不参与生产活动和社会决策，青少年消费主要由劳动人口承担，老年人口消费来自子女的代际支持和个人储蓄；劳动人口参与社会生产活动，同时做出社会决策，决策每期产出如何用于抚养孩子、赡养老人、储蓄和消费，以实现当期产出带来的效用最大化。不仅如此，考虑到中国国情，即生育受到严格管控以及生育水平设定对不同延退情景下的比较结果影响甚微，在此将生育行为视为外生给定；考虑到社会养老保险制度中的统筹账户养老金可以看作社会子女养老，个人账户养老金可以看作自身储蓄养老，综合家庭子女养老和个人储蓄养老，把当前中国的养老看作子女支持和储蓄养老；生育不仅具有投资属性，特别在中国，生育还有传宗接代的利他属性，赡养老人不仅是一种负担，更多还是一种美德，综合中国抚养孩子和赡养老人的传统美德和天伦之乐文化，抚养孩子和赡养老人本身也会带来效用，最终每期劳动人口的效用包括消费、储蓄、抚养孩子支出以及赡养老人支出带来的效用。

在效用函数设定上借鉴 Barro 和 Becker（1989）以及 Yang（2016）的做法，将消费的跨期替代弹性设定为 $\sigma$，对未来消费赋予的权重为 $\beta$，对孩子消费和老年人消费分别赋予的权重为 $\gamma$ 和 $\chi$；考虑到中国城镇职工当前实行以支定收给付确定（Defined Benefit，DB）的养老保险制度，该制度下赡养系数或者养老金替代率为 $\phi_1$，即对老年人口的代际支持水平与在职职工工资之比；抚养一个孩子的支出占工资的比例在此设定为 $\mu$。第 $i$ 期的消费支出和储蓄分别设定为 $C_i^1$ 和 $S_i$，第 $i+1$ 期的收入回报设定为 $C_i^2$；第 $i$ 期的工资水平、人力资本水平以及利率水平分别记为 $w_i$、$h_i$ 和 $r_i$；第 $i$ 期的青少年人口数量、劳动人口数量、老年人口数量以及劳动人口的平均年龄分别记为 $H_i$、$L_i$、$O_i$ 以及 $g_i$，第 $i$ 期年龄为 $j$ 岁的人口和将要退休的人口分别设定为 $p_i(j)$ 和 $J_i$，根据人力资源和社会保障部专家的估算，设中国当前退出劳动力市场的平均年龄为 54 岁，则有 $J_i = p_i(54)$。

在给付确定型下对每个老年人的代际支持水平是第 $i$ 期劳动人口工资 $w_i$ 的一个固定比例 $\phi_1$，根据给付确定养老保险制度下以支定收的特点，第 $i$ 期总赡养老人的支出为 $\phi_1 w_i O_i$，由于抚养一个孩子的支出占工资 $w_i$ 的比例为 $\mu$，第 $i$ 期抚养孩子总支出为 $H_i \mu w_i$，第 $i$ 期的消费支出和储蓄分别为 $C_i^1$ 和 $S_i$，如果第 $i$ 期的总产出为 $Y_i$，则第 $i$ 期劳动人口在第 $i$ 期面临的预算约束为

$$Y_i = C_i^1 + S_i + H_i \mu w_i + \phi_1 w_i O_i \qquad (6-1)$$

由于 $C_i^1$ 在第 $i$ 期已发生，故当期直接进入效用函数；根据生育的消费属性以及赡养老人的传统美德，抚养孩子支出 $H_i \mu w_i$ 和赡养老人支出 $\phi_1 w_i O_i$ 也在第 $i$ 期直接进入效用函数；储蓄 $S_i$ 代表未来的消费，在第 $i+1$ 期将获得 $S_i(1 + r_{i+1})$ 单位回报，考虑到中国抚养孩子和赡养老人的传统文化，只有抚养孩子和赡养老人，才能在老年期被子女赡养，按照社会的道德规则，第 $i$ 期劳动人口抚养孩子和赡养老人支出 $H_i \mu w_i + O_i \phi_1 w_i$ 在第 $i+1$ 期获得多少回报？第 $i$ 期劳动人口在第 $i+1$ 期获得的回报近似等于第 $i+1$ 期刚退休那个队列获得的赡养回报，考

虑到幸存率 $\pi_r$，第 $i$ 期劳动人口的抚养孩子和赡养老人支出在第 $i+1$ 期给第 $i$ 期的劳动人口带来 $\pi_r J_i w_{i+1} - (H_i \mu w_i + O_i \phi_1 w_i) J_i / L_i$ 单位回报，则第 $i$ 期的劳动人口在第 $i+1$ 期面临的预算约束为

$$C_i^2 = S_i(1 + r_{i+1}) + \pi_r J_i w_{i+1} - (H_i \mu w_i + O_i \phi_1 w_i) \frac{J_i}{L_i} \quad (6-2)$$

参照 Barro 和 Becker（1989）的研究设定，把劳动人口的效用函数设定为幂函数形式且幂指数为 $\sigma$。考虑到劳动人口的效用包括消费、储蓄、抚养孩子以及赡养老人支出带来的效用，则第 $i$ 期劳动人口的效用函数为

$$U_i = (C_i^1)^\sigma + \gamma(H_i \mu w_i)^\sigma + \chi(O_i \phi_1 w_i)^\sigma + \beta(C_i^2)^\sigma \quad (6-3)$$

在给付确定型的养老保险制度下，第 $i$ 期的劳动人口面临的决策是如何将第 $i$ 期的产出分配到消费、储蓄、抚养孩子以及赡养老人上，以使当期产出带来的效用最大化，面临的目标函数和约束条件为

$$\max_{C_i^1, C_i^2, S_i} U_i = (C_i^1)^\sigma + \gamma(H_i \mu w_i)^\sigma + \chi(O_i \phi_1 w_i)^\sigma + \beta(C_i^2)^\sigma$$

$$s.t. \begin{cases} Y_i = C_i^1 + S_i + H_i \mu w_i + O_i \phi_1 w_i \\ C_i^2 = S_i(1 + r_{i+1}) + \pi_r J_i \phi_1 w_{i+1} - \dfrac{J_i}{L_i}(H_i \mu w_i + O_i \phi_1 w_i) \\ 0 \leqslant \sigma, \beta, \gamma, \chi, \phi_1, \mu, \pi_r \leqslant 1 \end{cases}$$

$$(6-4)$$

在已知第 $i$ 期决策结果下，结合给付确定型养老制度以支定收的特点，从代际支持的经济福利视角，劳动人口对历年老年人的代际支持水平是工资水平 $w_i$ 的一个固定比例 $\phi_1$，则第 $i$ 期给付确定的养老制度下每个老年人的养老福利水平为

$$OI_{1,i} = \phi_1 w_i = \phi_1(1-a)A_i(g_i)(h_i)^{1-a}(K_i/L_i)^a \quad (6-5)$$

要计算每期老年人养老福利以及延迟退休对每期老年人养老福利的影响，首先要已知每期劳动人口的决策结果。从式（6-4）可以看出，只要得知 $\sigma$、$\beta$、$\phi_1$、$\mu$、$\gamma$、$\chi$、$\pi_r$ 等参数的取值以及每期 $H_i$、$L_i$、$O_i$、$J_i$ 和 $w_i$、$r_i$ 等变量的取值，就可以找到每期最优的决策方案，考察延迟退休对老年人养老福利的影响。

其中，$\sigma$、$\beta$、$\phi_1$、$\mu$、$\gamma$、$\chi$ 和 $\pi_r$ 等参数由制度、文化与社会规则外生决定，一定时期内可近似设定为常数；延迟退休主要通过影响 $L_i$、$O_i$、$J_i$ 以及 $w_i$、$r_i$ 等核心变量，进而影响家庭决策和老年人的养老福利。其一，工资 $w_i$ 和利率 $r_{i+1}$ 由生产者部门决定，稍后介绍。其二，历年的 $H_i$、$L_i$、$O_i$、$J_i$ 由历史人口、新生人口、死亡率以及不同的退休情景决定，如果已知历年人口分布，死亡率假设不变，通过外生给定生育和设定的不同退休情景，便可以计算出未来不同退休情景下历年的 $H_i$、$L_i$、$O_i$、$J_i$ 取值。为预测未来不同退休情景下的人口结构，参照于洪和曾益（2015）的方法，为了避免对"全面二孩"政策下实际生育水平是多少产生争议以及设定多高的生育水平对不同延迟退休情景下老年人代际支持的比较结果影响甚微，预设未来生育水平为政策生育水平 2.0。要计算未来历年的 $H_i$、$L_i$、$O_i$ 以及 $J_i$，根据中国当前年龄结构划分，只需知道未来历年 0～100 岁分年龄的人口数量，为了计算方便，在此假设 100 岁及以上人口在下一期自动退出模型。0 岁人口由当年育龄妇女的数量和育龄妇女的生育水平共同决定，1～100 岁人口由上一年 0～99 岁人口和相应分年龄段幸存率决定。

以 2015 年人口抽样调查中分年龄和分性别的人口数据为初始数据，分年龄和分性别的死亡率数据采于 2010 年的第六次人口普查，依据 2010 年人口普查中育龄妇女的分年龄生育率和总和生育率 1.18，同比例去推断"全面二孩"政策下的分年龄生育率，并且假定以后各年保持不变。考虑到"全面二孩"政策下新生婴儿的性别比有所缓和，假设新生婴儿性别比为 110∶100。计算出未来分年龄段分性别的人口数量，把分性别的人口数据加总，再依据各年龄阶段的划分，得到未来历年青少年数量 $H_i$、劳动力数量 $L_i$、老年人口数量 $O_i$ 以及将要退出劳动力市场队列的人口数量 $J_i$。新生婴儿数量取决于育龄年龄段（15～49 岁）上的妇女人数和相应的生育率水平，则第 $i$ 期分性别的新生婴儿数量为

$$\begin{cases} p_i^{female}(0) = \dfrac{100}{100+110} \sum_{j=15}^{49} TFR_i^{female}(j) P_i^{female}(j) \\[4mm] p_i^{male}(0) = \dfrac{110}{100+110} \sum_{j=15}^{49} TFR_i^{female}(j) P_i^{female}(j) \end{cases} \qquad (6-6)$$

其中，$p_i^{female}(0)$ 和 $p_i^{male}(0)$ 分别代表第 $i$ 期新生的女婴和男婴数量，$P_i^{female}(j)$ 和 $TFR_i^{female}(j)$ 分别代表第 $i$ 期年龄为 $j$ 岁的女性人数与对应的生育水平。由于 $1 \sim 100$ 岁人口由上一年 $0 \sim 99$ 岁人口和相应的幸存率决定，如果第 $i$ 期年龄为 $j$ 岁的女性和男性的幸存率分别为 $s_i^{female}(j)$ 和 $s_i^{male}(j)$，则第 $i$ 期分性别的 $1 \sim 100$ 岁人口为

$$\begin{cases} p_i^{female}(j) = s_{i-1}^{female}(j-1) P_{i-1}^{female}(j-1) \\[2mm] p_i^{male}(j) = s_{i-1}^{male}(j-1) P_{i-1}^{male}(j-1) \end{cases} \qquad (6-7)$$

根据上述人口运动法则，可知道未来任何一年 $0 \sim 100$ 岁上分年龄分性别的人口数量，把历年分性别的人口数量相应加总，可计算出未来历年分年龄的人口总量，即

$$P_i(j) = P_i^{female}(j) + P_i^{male}(j) \qquad (6-8)$$

中国法律规定 16 岁前的用工是违法的，故 16 岁以前的人口总量称为青少年人口数量 $H_i$；根据人力资源和社会保障部统计数据，设定退出劳动力市场的平均年龄为 55 岁，55 岁及以上人口总量为老年人口数量 $O_i$，54 岁队列的人口数量为将要退出劳动力市场的人口数量 $J_i$，$16 \sim 54$ 岁的人口数量为适龄劳动人口数量。由于劳动参与率和失业率的存在，适龄劳动人口数量并不一定与实际的劳动人口数量相等。分年龄就业率 $er_i(j)$ 取之"六普"，同时令分年龄就业率在以后各年保持不变，在退休制度保持不变时，第 $i$ 期的青少年、劳动人口、老年人口以及将要退出劳动力市场的人口数量分别为

$$\begin{cases} H_i = \sum_{j=0}^{15} \left[ p_i^{female}(j) + p_i^{male}(j) \right] \\[3mm] L_i = \sum_{j=16}^{54} er_i(j) \left[ p_i^{female}(j) + p_i^{male}(j) \right] \\[3mm] O_i = \sum_{j=55}^{100} \left[ p_i^{female}(j) + p_i^{male}(j) \right] \\[3mm] J_i = p_i^{female}(54) + p_i^{male}(54) \end{cases} \qquad (6-9)$$

根据上述人口预测方程可计算出未来不同退休情景下 $H_i$、$L_i$、$O_i$、$J_i$ 的取值，但要知劳动人口的决策，还需知道未来每期 $w_i$、$w_{i+1}$、$r_{i+1}$ 变量的取值，而工资和利率等变量由生产部门决定。引入规模报酬不变的 Cobb – Douglas 生产函数，$A_i$ 记为全要素生产率，$K_i$ 记为资本存量，$h_i$ 记为人力资本，资本和劳动的贡献份额分别记为 $\alpha$ 和 $1-\alpha$，则第 $i$ 期的生产函数为

$$Y_i = A_i(K_i)^{\alpha}(h_iL_i)^{1-\alpha} \tag{6-10}$$

由于分析在一般均衡状态下进行，所以工资和利率按照要素的边际产出偿付，在生产方实现利润最大化下，当期工资 $w_i$、下一期工资 $w_{i+1}$ 以及下一期利率 $r_{i+1}$ 分别为

$$\begin{cases} w_i = A_i(1-\alpha)(K_i)^{\alpha}(h_iL_i)^{-\alpha} \\ w_{i+1} = A_{i+1}(1-\alpha)(K_{i+1})^{\alpha}(h_{i+1}L_{i+1})^{-\alpha} \\ r_{i+1} = A_{i+1}\alpha(K_{i+1})^{\alpha-1}(h_{i+1}L_{i+1})^{1-\alpha} \end{cases} \tag{6-11}$$

资本贡献份额 $\alpha$ 在特定环境下假设为常数，劳动 $L_i$ 由人口预测方程给定且已知，要计算当期工资 $w_i$、下一期工资 $w_{i+1}$ 以及下一期利率 $r_{i+1}$，需要知道全要素生产率 $A_i$、资本存量 $K_i$ 以及人力资本 $h_i$。

全要素生产率 $A_i$ 如何决定呢？Feyrer（2007）、赵昕东和李林（2016）的研究发现，OECD 国家以及中国的全要素生产率 $A_i$ 与劳动人口的平均年龄 $g_i$ 呈现倒 U 形特点，驻点在 40～49 岁。在控制住劳动人口平均年龄驻点取值的情景下，考虑到倒 U 形曲线插值拟合困难，在此用分段的线性关系近似拟合倒 U 形的非线性关系，设全要素生产率 $A_i(g_i)$ 与劳动人口平均年龄 $g_i$ 呈现如下关系

$$A_i(g_i) = \begin{cases} kg_i + b, & g_i \leq g_i^* \\ -kg_i + 2kg_i^* + b, & g_i > g_i^* \end{cases} \tag{6-12}$$

其中，$g_i^*$ 代表全要素生产率取最大值时的劳动人口平均年龄；参数 $k$ 和 $b$ 通过历史上的全要素生产率与劳动人口的平均年龄数据去推断。历史上劳动人口平均年龄与全要素生产率数据如何获得呢？考虑到 1990 年以后中国才开始逐步放开要素市场，把起始点放在 1990 年。根据李宾和曾志雄（2009）研究，用资本盘存法盘存出以 2010

年计价的 1990—2014 年的资本存量 $K_i$，通过《中国统计年鉴 2015》获得 1990—2014 年实际就业人口数量，参考 Zhu 等（2014）研究，设定资本贡献份额 $\alpha = 0.05$，根据索罗残差法计算出 1990—2014 年全要素生产率 $A_i$，根据 2015 年抽样人口数据反推 1990—2014 年分年龄的人口分布，计算出 1990—2014 年劳动人口的平均年龄 $g_i$，最后根据线性插值估计出 $k$ 和 $b$ 的取值。需要说明的是，不同的延迟退休情景通过影响劳动人口的平均年龄 $g_i$，进而影响全要素生产率、劳动人口决策以及老年人养老福利。

资本存量 $K_i$ 如何决定呢？假设每期资本存量折旧率为 $\delta$，储蓄 $S_{i-1}$ 等于投资 $I_{i-1}$，第 $i$ 期的资本量 $K_i$ 等于第 $i-1$ 期资本 $K_{i-1}$ 减去折旧量 $\delta K_{i-1}$，再加上第 $i-1$ 期的储蓄 $S_{i-1}$，当期资本存量 $K_i$ 为

$$K_i = (1 - \delta)K_{i-1} + S_{i-1} \qquad (6-13)$$

只要知道初始资本存量 $K_{2015}$、折旧率 $\delta$ 以及历年的储蓄 $S_i$，就可以推断出未来历年的资本存量，参照李宾和曾志雄（2009）的研究方法，可以计算出以 2010 年计价的初始资本存量 $K_{2015}$ 为 1038802 亿元，参照陈昌兵（2014）的工作，设定资本折旧率 $\delta$ 为 0.05。需要说明的是，资本运动方程保证了模型的动态化，进而实现对未来历年老年人养老福利的模拟；不同的延迟退休情景通过影响劳动人口数量和老年人口数量，影响储蓄，进而影响劳动人口决策以及老年人养老福利。

人力资本 $h_i$ 如何决定呢？借鉴陆旸和蔡昉（2014）的做法，先计算劳动人口平均受教育年限 $s_i$，平均受教育年限等于每个年龄段上的劳动人口数量 $L_i(j)$ 乘以相应年龄上平均受教育年限 $s_i(j)$ 再除以总劳动人口数量 $\sum_j L_i(j)$。分年龄平均受教育年限 $s_i(j)$ 的计算参照黄晨熹（2011）采用的分世代分段方法。计算出不同延迟退休情景下受教育年限 $s_i$ 以后，同时为保证初始年份人力资本水平 $h_{2015} = 1$，设定人力资本水平 $h_i$ 与平均受教育年限 $s_i$ 存在如下关系

$$h_i = e^{\varphi(s_i) - \varphi(s_{2015})} \qquad (6-14)$$

考虑到不同阶段的教育回报不同，如初等教育回报高于高等教育回报，借鉴陆旸和蔡昉（2014）的做法，设定 $\varphi(s_i)$ 为

$$\varphi(s_i) = \begin{cases} 0.134(4 - s_i), & s_i \leqslant 4 \\ 0.134 \times 4 + 0.101(s_i - 4), & 4 < s_i \leqslant 8 \\ 0.134 \times 4 + 0.101 \times 4 + 0.068(s_i - 8), & s_i > 8 \end{cases}$$

$$(6-15)$$

结合家庭部门决策和生产部门决策，在家庭部门实现效用最大化和生产部门实现利润最大化的一般均衡框架下，劳动人口面临的目标函数和约束条件表现为

$$\max_{C_i^1, C_i^2, S_i} U_i = (C_i^1)^\sigma + \gamma(H_i \mu w_i)^\sigma + \chi(O_i \phi_1 w_i)^\sigma + \beta(C_i^2)^\sigma$$

$$s.t. \begin{cases} Y_i = C_i^1 + H_i \mu w_i + S_i + O_i \phi_1 w_i \\ C_i^2 = S_i(1 + r_{i+1}) + \pi_r J_i \phi_1 w_{i+1} - \dfrac{J_i}{L_i}(H_i \mu w_i + O_i \phi_1 w_i) \\ w_i = A_i(g_i)(1 - \alpha)(h_i)^{1-\alpha}(K_i)^\alpha(L_i)^{-\alpha} \\ w_{i+1} = A_{i+1}(g_i)(1 - \alpha)(h_{i+1})^{1-\alpha}(K_{i+1})^\alpha(L_{i+1})^{-\alpha} \\ r_{i+1} = A_{i+1}(g_i)\alpha(h_{i+1})^{1-\alpha}(K_{i+1})^{\alpha-1}(L_{i+1})^{1-\alpha} \\ K_{i+1} = (1 - \delta)K_i + S_i \\ h_i = e^{\varphi(s_i) - \varphi(s_{2015})} \\ 0 \leqslant \sigma, \beta, \gamma, \chi, \phi_1, \mu, \pi_r \leqslant 1 \end{cases}$$

$$(6-16)$$

已知全要素生产率 $A_i$、资本存量 $K_i$、人力资本 $h_i$、资本贡献份额 $\alpha$ 以及劳动人口数量 $L_i$，可以计算出 $w_i$、$w_{i+1}$、$r_{i+1}$ 变量的取值。已知 $w_i$、$w_{i+1}$、$r_{i+1}$ 变量的取值，$\sigma$、$\beta$、$\phi_1$、$\mu$、$\gamma$、$\chi$ 和 $\pi_r$ 参数的取值，以及不同延迟退休情景下的每期 $H_i$、$L_i$、$O_i$、$J_i$ 的取值，可以知道每期劳动人口的最优收入分配方案。已知劳动人口的最优分配方案，就可以计算出历年劳动人口对老年人口的代际支持水平 $OI_{1,i}$。需要说明的是，上述理论模型还蕴含两个基本假设：其一，延迟退休对老年人福利影响的传导机制不存在残缺或者这种传导机制是畅通的，即在现实中存在一种机制，使得无论是延迟退休改善的老年人福利，还是降低的老年人福利，都能够最终作用到老年人福利上；其二，现存养老

等制度是公平的，延迟退休对所有老年人的效应是一致的，即所有劳动人口在缴费上是同质的，在获得的代际支持水平上也是相同的，不存在不同人群在缴费和领取金额以及方式等上的差异。

## 二、主要参数设定

已知人口变量、人力资本、资本存量、全要素生产率以及其他参数取值，根据式（6-16）即可模拟延迟退休对老年人养老福利的影响。需要说明的是，不同延迟退休方案主要通过影响 $L_i$、$O_i$、$J_i$ 以及 $g_i$，进而影响利率、工资、人力资本、全要素生产率以及劳动人口决策，最终影响表征为老年人养老福利的代际支持水平。考虑到上述理论模型不是传统的世代交叠（Overlapping Generations，OLG）模型，而是一个能模拟历年老年人养老福利的非线性动态优化模型，由于模型涉及隐函数问题，通常不存在解析解，所以此处借用 Matlab 工具箱中求解非线性优化的 fmincon 函数，直接给出每期数值解。在进行数值模拟前，基于中国实际情况和学者的设定，给出部分变量初始值和参数取值（见表6-1）。

表6-1  主要参数设定

| 参数 | 设定值 | 依据 |
|---|---|---|
| 跨期替代弹性 $\sigma$ | 0.85 | 参照杨华磊等（2017）的设定 |
| 折现因子 $\beta$ | 0.95 | 参考康传坤和楚天舒（2014）的设定 |
| 对抚养孩子支出赋予的权重系数 $\gamma$ | 0.9 | 参考彭浩然等（2018）的设定 |
| 对赡养老人支出赋予的权重系数 $\chi$ | 0.8 | 参考彭浩然等（2018）的设定和中国向下关爱的文化传统 |
| 抚养系数 $\mu$ | 0.8 | 参照 Liao（2013）的研究和资本贡献份额取值 |
| 养老金替代率 $\phi_1$ | 0.6 | 根据《国务院关于建立统一的企业职工基本养老保险制度的决定》（国发〔1997〕26号）文件规定的目标替代率 |
| 资本贡献份额 $\alpha$ | 0.5 | 参考 Zhu 等（2014） |
| 即将退休人口的幸存率 $\pi_r$ | 0.994 | 根据六普数据计算 |
| 全要素生产率的驻点 $g_i^*$ | 40岁 | 参照 Feyrer（2007）的研究 |
| 折旧率 $\delta$ | 0.05 | 参照陈昌兵（2014）的设定 |

### 三、延迟退休情景设计

随着社会养老保障体系的建立、社会养老覆盖面的扩大以及养老在部门和城乡间的统筹，2009 年新农保、2011 年城镇居民养老保险启动，2014 年城乡居民养老保险合并以及机关事业单位养老保险并轨提案通过，2015 年城镇职工和城乡居民养老制度覆盖 8.5 亿人，覆盖率已达到 85%。这意味着，延迟退休越来越类似杨燕绥的解读，延迟退休更多是推迟领取养老金的年龄，推迟所有人领取养老金的时间。在不影响分析结论下，也为模型技术处理上的方便，此处暂且把延迟退休理解为推迟领取养老金和推迟退出劳动力市场的年龄，在此不再区分城乡、部门以及群体等。

根据人力资源和社会保障部的估算，将退休制度保持不变设定为基准情景（BI）且开始退出劳动力市场的平均年龄为 54 岁。与此同时，另外设计出两种延迟退休情景：一种是逐步延迟退休情景（GDR），另一种是即时延迟退休（IDR）。其中，逐步延迟退休是每隔一年有一个队列的人退出劳动力市场，即每年延迟半岁，如第一年54 岁的队列退出劳动力市场，第二年没有人退出劳动力市场，第三年55 岁的队列退出劳动力市场，直到 2035 年，64 岁的队列开始退出劳动力市场，以后各队列开始退出劳动力市场的年龄固定在 64 岁。即时延迟退休是第一年 54 岁的队列开始退休，第二年以后，没有退休的队列统一达到 64 岁后方可退出劳动力市场。

通过上述设定，可以看出在 2035 年前各种延迟退休方案基本完成，所以把研究区间放在 2015—2035 年；相比逐步延迟退休，即时延迟退休强度更大；无论是逐步延迟退休还是即时延迟退休，延迟退休主要通过影响将要退出劳动力市场的人口数量 $J_i$ 来影响劳动人口数量 $L_i$、老年人口数量 $O_i$ 以及劳动人口的平均年龄 $g_i$，进而影响劳动人口决策，最终影响劳动人口对老年人口的代际支持水平。

# 第二节　模拟结果与讨论

从图 6 – 1 可以看出，退休制度不变下劳动人口平均年龄呈现先轻微上升然后逐步稳定的趋势，从当前的 36.5 岁增加到 2025 年的 37.5 岁，然后基本维持在 37.5 岁左右；逐步延迟退休下劳动人口平均年龄呈现一直上升趋势，从 2015 年的 36.5 岁上升到 2035 年的 41 岁左右；即时延迟退休下劳动人口平均年龄呈现先急剧上升然后下降的趋势，从当前的 36.5 岁增加到 2025 年的 41.5 岁，然后下降到 2035 年的 41 岁左右。根据 Feyrer（2007）、赵昕东和李林（2016）的研究发现，全要素生产率驻点时劳动人口平均年龄在 40 ~ 49 岁，这意味着如果中国全要素生产率最大值时劳动人口平均年龄大于或者等于 42 岁，相对于退休制度不变，无论是逐步延迟退休，还是即时延迟退休，延迟退休均会提高全要素生产率；如果全要素生产率驻点时的劳动人口平均年龄在 40 ~ 42 岁，延迟退休对全要素生产率效应也许会有所差异，特别是逐步延迟退休和即时延迟退休的全要素生产率效应后期的比较结果。

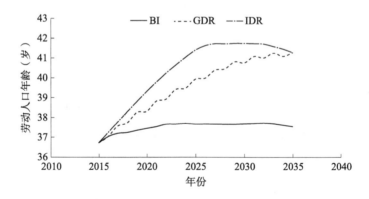

**图 6 – 1　延迟退休对劳动人口平均年龄的影响**

从图 6 – 2 可以看出，在当前给付确定的养老制度下，其一，无论哪种延迟退休情景下，未来老年人养老福利均呈现一个增加的趋势；其二，延迟退休情景下的老年人养老福利水平高于不延迟退休情景下的老年人养老福利，即延迟退休改善了老年人的养老福利；其三，在 2025 年之前，逐步延迟退休情景下的老年人养老福利轻微低于即时延迟退休下的老年人养老福利，但是 2025 年以后，逐步延迟退休情景下的老年人福利高于即时延迟退休下的老年人福利。

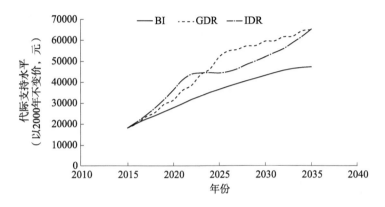

**图 6 - 2　延迟退休对老年人福利的影响**

为什么延迟退休改善了老年人养老福利，从式（6 - 5）$OI_{1,i} = \phi_1 w_i = \phi_1 (1 - a) A_i (g_i) (h_i)^{1-a} (K_i / L_i)^a$ 可以看出，给付确定的赡养模式下，延迟退休对老年人养老福利的影响有三种效应：其一，对延迟退休的老年人福利效应不产生影响的养老金替代率 $\phi_1$ 和资本贡献份额 $a$，这源于养老金替代率 $\phi_1$ 与资本贡献份额 $a$ 是个常数；其二，对延迟退休的老年人福利效应产生负面影响的资本劳动比 $K_i / L_i$ 和人力资本 $h_i$，延迟退休增加了劳动人口数量，使得受教育水平较低的劳动人口留在劳动力市场，进而降低了资本劳动比和人力资本（Miyazaki，2014）；其三，对延迟退休的老年人福利效应产生正面影响的全要素生产率，2035 年前不延迟退休情景下劳动人口平均年龄控制在 38 岁以下，考虑到劳动人口平均年龄在 40 ~ 49 岁全要素生产率取得最大值，延迟退休增加了劳动人口平均年龄，使得劳动人口平均年龄更接近全要素生产率驻点时的劳动人口平均年龄，使得全要素生产率得到提高。综合考虑，延迟退休对老年人养老福利的提高值大于延迟退休对资本劳动比以及人力资本的损害值，进而延迟退休改善了老年人福利。

为什么延迟退休提高了全要素生产率？在不延迟退休的情景下，2035 年前劳动人口的平均年龄低于 38 岁，进而低于全要素生产率取最大值时的劳动人口平均年龄，实际取值点在劳动人口平均年龄与全要素生产率倒 U 形曲线的左侧；而延迟退休提高了劳动人口平均年龄，使得劳动人口平均年龄更接近全要素生产率最大值时的劳动人口平均年龄，进而延迟退休提高了全要素生产率。根据劳动人口平均年龄与全要素生产率之间的倒 U 形关系，这也意味着，如果一个国家或者地区人口结构偏年轻，劳动人口平均年龄低于全要素生产率最大值时的劳动人口平均年龄，实施延迟退休时可能会提升全要素生产率；相反，一个国家或者地区老龄化严重，劳动人口平均年龄高于全要素生产率取最大值时的劳动人口平均年龄，实施延迟退休可能会恶化全要素生产率。相比逐步延迟退休，为什么即时延迟退休在 2025 年之前效果较好，之后却不及逐步延迟退休方案？因为 2025 年之前，强度更大的即时延迟退休使得劳动人口平均年龄更快地接近全要素生产率取最大值时的劳动人口平均年龄，经过最大值后，即时延迟退休使得劳动人口平均年龄更快地偏离全要素生产率驻点时的劳动人口平均年龄，在其他不变或者变化缓慢的情况下，相比逐步延迟退休，即时延迟退休在 2025 年前将在更大幅度上改善老年人福利，之后却不如逐步延迟退休。

## 第三节　稳健性分析

为了保障上述结论的可靠性，下面将对前述结论进行稳健性分析。其一，上述分析基于全要素生产率驻点时劳动人口平均年龄为 40 岁的假设，考虑到先前学者 Feyrer（2007）、赵昕东和李林（2016）的研究，OECD 国家以及中国的全要素生产率驻点的劳动人口的平均年龄在 40 ~ 49 岁之间，稳健性分析依次设定全要素生产率驻点时的劳动人口平均年龄在 41 岁、42 岁、43 岁及以上，考虑到全要素生产率驻点时劳动人口平均年龄在 43 岁及以上的分析结果与 42 岁的分析结果一致，所以在此不再展示 43 岁及以上延迟退休对老年人福利的影响。

其二，考虑到结论可能对家庭决策模型中的主要参数，譬如跨期替代弹性、折现因子、生育成本系数以及养老金替代率等改变的敏感，以及保证稳健性分析的全面性，对于上述参数分别取比基准情景或大与或小的两组取值，然后分别进行模拟分析。其中，跨期替代弹性变大，说明决策者更有耐心；折现因子变大，说明对未来消费更看重；生育成本系数变大，说明家庭的成本支出增加；养老金替代率增大，说明老年人养老福利可能上升。

其三，上述结论是在给付确定的代际赡养模式下进行分析得到的，但是随着未来老龄化社会的到来，给付确定养老制度下社会、经济以及养老金系统越来越不可持续，为了保障社会、经济以及养老金系统的可持续性，把以支定收给付确定的养老制度改变成以收定支缴费确定（Defined Contribution，DC）的赡养模式越来越成为社会、政府及学者的共识。延迟退休在未来缴费确定的养老制度改变时是否会损害老年人养老福利呢？为保障上述结论的可靠性，下文将在未来可能采取的缴费确定型的养老制度下进行分析。

基于缴费确定型以收定支的特点，与给付确定下的模型设定相比，每期劳动人口对老年人的全部支持水平是劳动人口总收入 $w_i L_i$ 的一个固定比例 $\phi_2$，引致第 1 期预算约束中赡养老人支出和第 2 期预算约束中抚养孩子、赡养老人的回报与给付确定型养老保险制度下的有所不同，除此之外，目标函数、生产部门决策、人口结构、人力资本、资本以及全要素生率的设定基本一致。同样产出分配由劳动人口做出，决策如何分配产出到消费、储蓄、抚养子女以及赡养老人四项支出上，以使得当期产出带来效用最大化。在缴费确定型的养老保险制度下，劳动人口的目标函数和约束条件为

$$\max_{C_i^1, C_i^2, s_i} U_i = (C_i^1)^\sigma + \gamma (H_i \mu w_i)^\sigma + \chi (\phi_2 w_i L_i)^\sigma + \beta (C_i^2)^\sigma$$

$$s.t. \begin{cases} C_i^1 = Y_i - S_i - H_i\mu w_i - \phi_2 w_i L_i \\[2mm] C_i^2 = S_i(1 + r_{i+1}) + \phi_2 w_{i+1} L_{i+1} \dfrac{\pi_r p_i}{O_{i+1}} - (H_i\mu w_i + \phi_2 w_i L_i) \dfrac{p_i}{L_i} \\[2mm] w_i = A_i(g_i)(1 - \alpha)(h_i)^{1-\alpha}(K_i)^{\alpha}(L_i)^{-\alpha} \\[2mm] w_{i+1} = A_{i+1}(g_i)(1 - \alpha)(h_{i+1})^{1-\alpha}(K_{i+1})^{\alpha}(L_{i+1})^{-\alpha} \\[2mm] r_{i+1} = A_{i+1}(g_i)\alpha(h_{i+1})^{1-\alpha}(K_{i+1})^{\alpha-1}(L_{i+1})^{1-\alpha} \\[2mm] K_{i+1} = (1 - \delta)K_i + S_i \\[2mm] h_i = e^{\varphi(s_i) - \varphi(s_{2015})} \\[2mm] 0 \leqslant \sigma, \beta, \phi_2, \gamma, \chi, \mu, \pi_r \leqslant 1 \end{cases}$$

$$(6-17)$$

根据缴费确定型以收定支的特点，每期对老年人的全部代际支持等于劳动总收入 $w_i L_i$ 乘上表征为养老金替代率的赡养系数 $\phi_2$，同样用劳动人口对每个老年人的代际支持水平来表征每个老年人的养老福利状况，则第 $i$ 期缴费确定型下每个老年人的养老福利水平为

$$OI_{2,i} = \phi_2 w_i L_i / O_i = \phi_2(1 - a)A_i(g_i)(h_i)^{1-a}(K_i)^{a}(L_i)^{1-a} / O_i$$

$$(6-18)$$

## 一、劳动人口年龄

如果全要素生产率取得最大值时的劳动人口平均年龄提高，则意味着延迟退休使得劳动人口实际平均年龄更多地处在全要素生产率倒 U 形曲线的左侧或者使得劳动人口的实际平均年龄更接近全要素生产率驻点时的平均年龄，进而更大幅度上改善了全要素生产率。从图 6-3 可以看出，其一，延迟退休改善老年人养老福利的结论依然没有改变；其二，全要素生产率取最大值时的劳动人口平均年龄越大，延迟退休的效果就越好，即时延迟退休的短期效果越可能高于逐步延迟退休的效果。

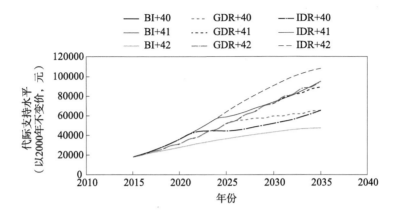

**图6-3　关于变量 $g_i^*$ 的改变**

## 二、核心参数

从图6-4~图6-7可以看出，其一，跨期替代弹性 $\sigma$ 的改变没有改变延迟退休与基准情景在老年人养老福利上的比较结果，但是其改变了不同退休情景下老年人养老福利的绝对值，譬如跨期替代弹性越大，民众越有耐心，未来老年人养老福利水平就越高；其二，折现因子 $\beta$ 的改变没有改变延迟退休与基准情景的比较结果，但是改变了不同退休情景下老年人养老福利的绝对值和趋势性特征，譬如折现因子越大，未来老年人养老福利水平就越高且越可能呈现上升的趋势；其三，对于不同的抚养孩子成本系数，同样没有改变不同延迟退休情景下老年人养老福利的比较结果，但是改变了老年人养老福利的绝对值，未来抚养孩子成本上升会降低每种延退情景下老年人养老福利的绝对值；其四，对于不同的养老金替代率，同样没有改变不同延迟退休情景下老年人养老福利的比较结果，在其他不变时，更高的养老金替代率意味着更高的老年人福利（严成樑，2017）。

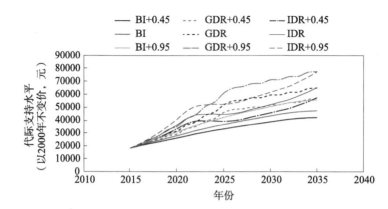

图6-4　关于参数 $\sigma$ 的改变

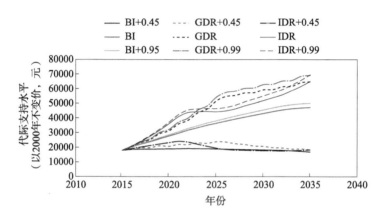

图6-5　关于参数 $\beta$ 的改变

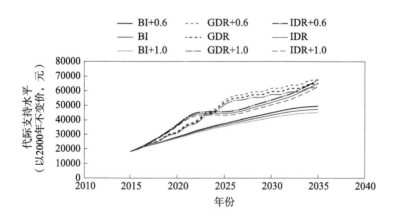

图6-6　关于参数 $\mu$ 的改变

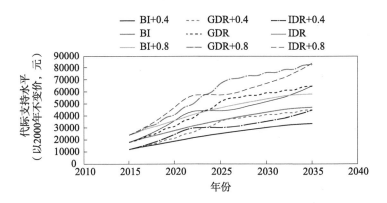

图6-7　关于参数 $\varphi$ 的改变

## 三、养老金制度改革

从图6-8可以看出，如果把代际赡养模式从给付确定型转变为缴费确定型，延迟退休不仅没有恶化老年人养老福利，相反，在缴费确定的模式下结论更可靠。为什么在缴费确定下延迟退休的老年人养老福利效应更显著呢？从式（6-18）$OI_{2,i} = \phi_2 w_i L_i / O_i = \phi_2 (1-a) A_i(g_i)(h_i)^{1-a}(K_i)^a(L_i)^{1-a}/O_i$ 可以看出，缴费确定赡养模式下延迟退休的老年人福利效应同样取决于三种效应：其一，对延迟退休的老年人福利效应不产生影响的养老金替代率 $\phi_1$ 和资本贡献份额 $a$，这源于养老金替代率 $\phi_1$ 与资本贡献份额 $a$ 是个常数；其二，对延迟退休的老年人福利效应产生负面影响的人力资本 $h_i$，延迟退休使得受教育水平较低的劳动人口留在劳动力市场，进而降低了人力资本；其三，对延迟退休的老年人福利效应产生正面影响的劳动人口数量 $L_i$、老年人口数量 $O_i$ 以及全要素生产率 $A_i(g_i)$，延迟退休使得劳动人口的平均年龄 $g_i$ 更接近全要素生产率取最大值时的劳动人口平均年龄 $g_i^*$，提高了 $A_i(g_i)$，同时增加了资本存量 $K_i$ 和劳动人口数量 $L_i$，减少了需要被赡养的老年人数量 $O_i$。综上，延迟退休对老年人福利的改善值远大于对老年人福利的损害值，相比给付确定下延迟退休仅通过全要素生产率对老年人养老福利产生正面影响，在缴费确定下延迟退休还通过劳动人口数量、老年人口数量等对老年人福利产生正面影响，进而使得缴费确定下延迟退休提升老年人养老福利的推断更可靠。这也意味着在未来可能采取的缴费确定下的养老金制度下，延迟退休不仅不会损害老年人养老福利，甚至使得前述结论更可靠。

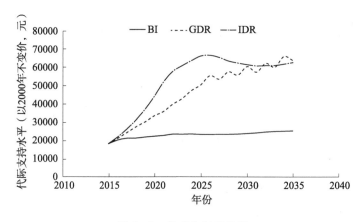

图6-8　养老金制度改革

# 第四节　进一步讨论

　　基于上述模拟研究发现，延迟退休不仅没有出现损害老年人养老福利的状况，甚至通过增加劳动人口、储蓄以及资本存量，提升全要素生产率，进而改善了老年人养老福利。现实国内民众对延迟退休的态度和意愿又如何呢？部分网站以及媒体机构开展的大型调查结果显示，多数民众反对延迟退休。譬如，2012年人民网开展的"人社部拟适时建议弹性延迟领养老金年龄，咋看？"调查，227.6万网民中96.7%反对延迟退休政策；2013年中国青年报社会调查中心的调查结果显示，参与问卷的25311人中94.5%反对延迟退休政策；2015年腾讯等推出的"渐进式延迟退休民意大调查"，869名受访者中95.74%表示不支持渐进式延迟退休政策；2016年中国青年报社会调查中心联合搜狐再次对169063位网民进行民调显示，91.1%的受访者坦言不愿意延迟退休。

　　相关学者基于实际调查或者现存公开调查数据也开展延迟退休意愿

的研究。譬如，李琴和彭浩然（2015）基于 2011 年中国健康与养老追踪调查（CHARLS）数据对城镇中老年人延迟退休意愿的影响因素进行分析发现，仅 40.97% 的男性和 46.84% 的女性希望在政策退休年龄 60 岁和 55 岁以后继续工作，其中劳动者年龄越小，越反对延迟退休，相对女性和高级职称劳动者，男性或者低级职称的劳动者更反对延迟退休；陈鹏军和张寒（2015）通过对在 28 个省行政区开展的职工延迟意愿的实地调查数据的分析发现，全国层面上 53% 的职工反对延迟退休，其中东北地区占比最高，男性劳动者高于女性劳动者，赡养负担重的劳动者高于赡养负担轻的劳动者，非领导岗位劳动者高于领导岗位劳动者，体力劳动者高于脑力劳动者等；席恒和王昭茜（2017）在北京等 10 个省（区、市）展开实地调查发现，87.1% 的被调查不愿意延迟退休；王军和王广州（2016）基于中山大学社会科学调查中心的中国劳动力动态调查数据进行分析发现，城镇劳动力总体上呈现提前退休的倾向，具有延迟退休意愿的比例仅占 15% 左右，其中在反对延迟退休政策上，男性高于女性，职工高于机关事业单位等；阳义南和肖建华（2018）基于 2014 年中国劳动力动态调查（China Labor‑force Dynamic Survey，CLDS）全国大样本调查数据，采用潜分类模型对存在延迟退休意愿的人群进行识别发现，赞成延迟退休的人群占 37.95%。

其他学者也从特定人群、地区以及职业研究了劳动人口的延迟退休意愿，如张乐川（2013）对比了不同单位属性内部劳动者的延迟退休意愿后发现，机关事业单位人员由于在延迟退休后一般不会面临失业风险，能够继续获得非工资形式的单位福利，以及有助于提高级别和职务工资的基数等，所以比企业职工更加偏好延迟退休政策；于翠婷和喻继银（2013）对成都市 9 所高校专任教师的延迟退休意愿进行调查发现，男女专任教师反对延迟退休的比例分别为 73.80% 和 56%，其中年龄越小、职称或者收入越低的群体越反对延迟退休政策；董娜和江蓓（2015）基于 2014 年苏州市妇联的问卷调查数据进行分析发现，70.1% 的女性反对延迟退休；田立法等（2017）对天津市 351 位居民的问卷调查数据进行分析发现，反对延迟退休的占

61.17%，并且越年轻的劳动者越反对延迟退休，其中机关事业单位以及国企单位支持延迟退休的均占一半以上，但是80%的民营企业职工反对延迟退休，76%的管理者支持延迟退休政策，65%的非管理者反对延迟退休政策等；弓秀云（2018）基于2015年中国30个省份的抽样调查数据进行统计分析发现，45岁以下的男性或者研究生以下的男性更愿意提前退休或者不愿意延迟退休等。

可以看出，以往文献就居民对待延迟退休的态度和意愿已展开大量研究，所得结论为民众不赞成延迟退休占大多数，那现实真是那样吗？反对延迟退休背后的原因究竟是什么？为了回答这些问题，本研究借助问卷星网络调查平台收集研究样本进行统计分析。数据采集时间为2019年1月7—13日，调查内容包括受访者的性别、年龄、受教育程度、工作单位性质、专业技术职称、延迟退休意愿、反对延迟退休原因等。在剔除缺失值和异常值后，最终得到有效样本数为511个，调查样本的基本情况见表6-2。

表6-2 调查样本的基本情况

| 基本特征 | 分类 | 样本数 | 比例（%） |
|---|---|---|---|
| 性别 | 男 | 247 | 48.3 |
| | 女 | 264 | 51.7 |
| 年龄 | 18~29岁 | 98 | 19.2 |
| | 30~39岁 | 128 | 25.1 |
| | 40~49岁 | 224 | 43.8 |
| | 50~59岁 | 61 | 11.9 |
| 受教育程度 | 初中及以下 | 98 | 19.2 |
| | 中专或高中 | 103 | 20.2 |
| | 专科或本科 | 193 | 37.7 |
| | 研究生及以上 | 117 | 22.9 |
| 工作单位 | 政府部门 | 41 | 8.0 |
| | 事业单位 | 157 | 30.7 |
| | 企业（国有、外资、民营、混合） | 138 | 27.0 |
| | 个体经营户 | 74 | 14.5 |
| | 非营利机构 | 11 | 2.2 |
| | 其他 | 90 | 17.6 |

| 基本特征 | 分类 | 样本数 | 比例（%） |
|---|---|---|---|
| | 无职称 | 245 | 47.9 |
| | 技术员 | 20 | 3.9 |
| 专业技术职称 | 初级职称 | 55 | 10.8 |
| | 中级职称 | 122 | 23.9 |
| | 高级职称 | 69 | 13.5 |

表 6-3 报告了受访者的延迟退休意愿和反对原因。在退休意愿方面，希望提前退休的人数有 164 人，所占比例为 32.1%；大多数民众则是选择正常退休，总共有 316 人，占比 61.8%；而仅有 31 位受访者是支持延迟退休的，所占比例为 6.1%。该结果与 2013 年中国青年报社会调查中心的调查结果以及 2015 年腾讯等推出的"渐进式延迟退休民意大调查"结果类似，结合媒体调查、学者研究以及作者开展的网上调查，总体来说，多数民众对延迟退休持不倾向意见。关于不倾向延迟退休的原因，结合林毓铭和刘冀楠（2016）、王军和王广州（2016）以及张川川（2017）的理论陈述和调查问卷的实际结果，最主要的原因依次为：其一，工作累了，想享受下闲暇和娱乐等，占比 37.7%；其二，自身健康，无法维持更长年份的工作与领取足额的养老金待遇，占比 14.4%；其三，照顾家庭，照看孙子女等家务活动，占比 14.0%；其四，就业挤占，老年人不退休青年人的上升空间受限，占比 13.5%；其五，不公平性，现存养老制度在缴费和领取上的不公平性扩大化，占比 8.1%；其六，其他原因，如在职的工资和津贴没有退休金高等，占比 7.1%；其七，换个工作，获得新的劳动报酬和职业认同感等，占比 5.2%，具体见表 6-3。综上所述，在涉及损害老年人经济福利的原因上，民众反对延迟退休的理由表现为自身健康无法维持延迟退休使更长年份的工作与领取足额的养老金待遇，延迟退休使现存养老保险双轨制下不同人群和部门在养老金的缴纳和领取上的不公平性扩大化。

表 6-3　延迟退休意愿与反对原因

| 调查问题 | 选项 | 样本数 | 比例（%） |
|---|---|---|---|
| 您的退休意愿是 | 提前退休 | 164 | 32.1 |
| | 正常退休 | 316 | 61.8 |
| | 延迟退休 | 31 | 6.1 |
| 不倾向延迟退休主要的原因 | 工作累了，想享受下闲暇和娱乐等 | 181 | 37.7 |
| | 自身健康，无法维持更长年份的工作与领取足额的养老金待遇 | 69 | 14.4 |
| | 照顾家庭，照看孙子女等家务活动 | 67 | 14.0 |
| | 就业挤占，老年人不退休青年人的上升空间受限 | 65 | 13.5 |
| | 不公平性，现存养老制度在缴费和领取上的不公平性扩大化 | 39 | 8.1 |
| | 其他原因，如在职的工资和津贴没有退休金高等 | 34 | 7.1 |
| | 换个工作，获得新的劳动报酬和职业认同感等 | 25 | 5.2 |

　　上述调查结果尽管在样本大小、有效性等方面存在一定局限，但也在一定程度上反映了民众对延迟退休政策的大致态度。各种调查均显示，多数民众不倾向于延迟退休，但是前述理论模拟结果发现，延迟退休会改善未来老年人的经济福利，为什么现实民众态度与理论结果会存在不一致性？难道民众对待延迟退休的态度是不理智的？结合上述反对延迟退休的养老待遇原因，重新审视理论模型设定后发现，延迟退休改善老年人经济福利的条件是，现实中存在一种机制使得延迟退休增加的经济福利能够转移支付给老年人，同时模型假设现存的养老制度是公平的，当前劳动者在缴费和老年人在领取上不存在差异。但是从中国的实际情况来看，由于延迟退休还没有真正实施，与延迟退休政策相配套的转移支付机制也没有建立，以致在现存养老制度下延迟退休增进老年人福利的路径还不存在，正如王天宇等（2016）、张川川（2017）指出的，对于那些非自愿延长工作年限的退休人口而言，他们除了牺牲闲暇以外，还可能会同时遭受继续工作造成的福利损失和养老金收益减少所导致的福利损失；过去养老保险双轨制使得不同部门和人群在缴纳和领取养老金上存在较大的不公平

性，而延迟退休进一步扩大了这种不公平现象，延迟退休可能成为既得利益群体继续掌权的借口。如何在现存的制度下规避延迟退休对老年人经济福利的损失和对不公平现象的扩大化，降低延迟退休政策推进的阻力，真正实现模型展示的延迟退休改善老年人福利的情景呢？其一，在延迟退休政策推行的同时，建立一套使得延迟退休增加的经济福利能够转移给老年人的机制或者配套性政策；其二，根据行业、部门以及群体的受益状况，制定出差异化的延迟退休政策。

针对延迟退休情景下民众对自身健康状况无法维持更长年份的工作与领取足额的养老金待遇的担忧，在开展延迟退休政策的同时需要建立配套性的转移支付制度：其一，在预期寿命不变情况下，可以考虑提高养老金替代率或在不超过经济增速时提高基础养老金的增长率；其二，根据《"健康中国2030"规划纲要》，实施健康中国战略，特别是健康老龄化战略，培养民众健康意识和健康行为，增加公共医疗卫生服务等供给，增加民众在退休以后领取养老金的年限，进而弥补延迟退休对个人基础养老金财富造成的损失；其三，适当降低基础养老保险的缴费率。

针对延迟退休情景下民众对过去由养老保险双轨制等带来的养老金待遇水平的不公平现象扩大化的担忧，要实行差异化的退休政策：一方面，在同一退休年龄制度下对不同的职业、部门以及人群给予差异化的转移支付。譬如，提高企业职工和体力劳动者等退休后的养老金替代率或基础养老金，进一步深化机关事业单位养老制度改革，推进居民、职工以及机关事业单位养老制度并轨，缩小他们在基础养老金缴费和领取待遇上的差距。另一方面，实行差异化的退休年龄制度。譬如，对于延迟退休下福利损失的部门和人群，通过实行正常退休或者提前退休来实现其福利的改善；对于延迟退休情景下福利改善的部门和人群，通过延迟退休实现其福利的增进。

考虑到民众反对延迟退休的原因不仅是老年人的经济福利，从调查结果可以看出，更重要的是老年人对非经济利益闲暇的看重，家庭照料稀缺下照看家庭的使命召唤，这也意味着如果我们要降低延迟退休阻力，通过延迟退休改善老年人的综合福利，在延迟退休推行的同时，国家要致力于提升就业质量。党的十八大报告明确提出，要推动实现更高质量的就业，而推动劳动关系和谐，提高工资、津贴和福利，合理促进劳动力流动，是增强现在和未来老年人对工作认同感和热爱感的关键。另外，政府要增加家庭照料资源的供给和对家庭照料的补贴。2018 年年底出台的《个人所得税专项附加扣除暂行办法（征求意见稿）》中规定，对子女教育、大病医疗以及赡养老人等家庭照料支出，可获得一定的个人所得税减免额，就是政府在这方面的一个尝试。

# 第五节　结论与政策启示

延迟退休是否会改善老年人的养老福利？从代际支持的经济福利视角，把对这一科学问题的回答放在一个充分考虑当前以收定支给付确定的养老制度和延迟退休对全要素生产率影响的动态一般均衡框架下，依据当前可行的参数通过模拟发现：虽然延迟退休会降低资本劳动比和人力资本水平，但是延迟退休通过提高劳动人口的平均年龄，使得劳动人口平均年龄更接近全要素生产率取得最大值时的劳动人口平均年龄，进而提高了老年人的养老福利。为了保障结论的可靠性，通过对全要素生产率驻点时的劳动人口平均年龄、模型中的主要参数以及养老制度进行敏感性分析发现，提高全要素生产率驻点时的劳动人口平均年龄，没有改变延迟退休改善老年人福利的事实，但是提高了不同延迟退休情景下老年人养老福利的绝对值，且使即时延迟退休的效果更可能好于逐步延迟退休的效果；对于模型中核心参数的改变，同样不改变延迟退休情景下的比较结果，但是影响不同延迟退休情景下老年人养老福利的绝对值和趋势性特征；养老制度的调整不仅没有改变上述结论的稳健性，反而通过多渠道提高要素变量的取值改善了全要素生产率，使得上述结论更可靠。

本研究的创新之处在于，首次考虑了延迟退休对全要素生产率，进而对老年人经济福利的影响；其次考虑到传统研究延迟退休对老年人福利影响的文献多采用精算与微观计量，以及动态一般均衡框架下研究延迟退休效果的文献缺乏对短期内历年老年人福利的模拟，尝试把延迟退休对老年人福利效果的研究放在改进的可以做历年模拟的动态一般均衡框架内加以探讨。政策意义在于，其一，由于民众认知受限和部分媒体的误导，延迟退休的真实效果民众可能并不知情，多向民众宣传延迟退休可能对老年人福利产生积极影响的事实，坚定民众对延迟退休政策的信心；其二，随着老龄化社会的到来，给付确定的养老制度越来越无法维持养老金以及社会的可持续，制度变轨是必然的，而在未来可能的缴费确定养老制度下，延迟退休不仅增加了资本存量和劳动人口数量，降低了老年人口数量，提高了全要素生产率，相比当前养老制度，延迟退休更大地改善了老年人福利；其三，考虑到延迟退休改善老年人经济福利的传导机制是畅通的以及现存养老制度对于不同的人群是公平的假设在当前现实中并不存在，为了实现模拟结果展示的那样，使得延迟退休确实改善老年人福利，在延迟退休的同时，要根据不同的职业和部门制定出差异化的延迟退休政策，同时尽快推出与延迟退休政策配套的转移支付机制，譬如健康老龄化战略；其四，考虑到民众反对延迟退休的原因不仅是老年人的经济福利，更重要的是老年人对闲暇的看重，照看家庭的传统义务，故国家在推行延迟退休政策的同时，还要致力于提升就业质量，增加家庭照料资源的供给和对家庭照料的补贴等配套政策的建设。

# 第七章　延迟退休的经济增长效应

近现代以后，尤其是经历了长期战乱和死亡的第二次世界大战以后，世界多数国家的人口均出现了反弹式的增长，即出现所谓的婴儿潮世代（Greenwood 等，2002；Doepke 等，2015）。此后，由于物质生产逐渐丰富化，特别是伴随着社会化大生产的快速推进，城镇化水平不断提高。而在城镇化推进的过程中，一方面对工业品和服务类产品的需求无限上扬且由家庭承担引致生育的直接成本飙升；另一方面由于缺乏社会的支持和照料，女性受教育水平提高和无弹性的就业方式导致生育的机会成本增大（Presser 和 Baldwin，1980；Moffitt，1984；Blau 和 Robins，1989；Ribar，1992；Richter，1994；Brewster 和 Rindfuss，2000；Kalwij，2000）；此外，与现代社会化大生产相吻合的社会养老保险制度开展使得生育收益逐步外溢（Cigno 和 Rosati，1996；Groezen 等，2003；Puhakka 和 Viren，2012；Schoonbroodt 和 Tertilt，2014）。如今，在自由主义和市场主义占主导的社会思潮下，逐步出现的活出自我文化使得人们更看重自我实现和物质消费，而非传宗接代的生育（Boling，2008）。最终伴随着工业化和城镇化的快速推进，生育水平呈现不断下降的趋势。

城镇化和经济的发展带来了生育水平下降，生育水平的下降引致人口结构发生变迁。在时间轴上，连锁促发了后来所谓的人口红利期和老龄化问题，对于中国也不例外。观察中国生育水平的演变趋势可以发现：中华人民共和国成立之前出生的一代、中华人民共和国成立后出生的婴儿潮一代和婴儿潮世代之后生育水平下降中形成的一代构成了中国纺锤形人口结构，即当婴儿潮世代进入工作阶段构成较粗的中部，中华人民共和国成立之前出生的一代进入老年阶段构成较细的顶部，生育水平下降中形成的一代变成青少年构成较细的尾部。由此引致适龄劳动人口增多，劳动增长率上升，在老年抚养比相对增长缓慢的情况下，劳动人口上升引致的少儿抚养比下降导致社会总抚养比下降，储蓄和资本增长率上升，经济进入快速增长阶段，即出现所谓的"人口红利期"，在中国为 1965—2015 年（王德文等，2004）。随着城镇化和工业化的继续推进，生育水平进一步下降，人口结构由先前的纺锤形逐步演化成头大尾小的倒三角形结构，即中华人民共和国成立后的婴儿潮一代步入老年阶段，生成头部；生育水平下降形成的一代逐步进入劳动力市场，生成中部；规模更小的一代处在青少年阶段，生成底部。此时，适龄劳动人口减少，老年人口增加，老年抚养比上升引致的社会总抚养比急剧上升，储蓄和资本增长率下降，最终使得资本积累、技术创新及人力资本更新受到负面影响，经济增长转入相对缓慢阶段，即出现所谓的"人口红利衰退期"（Higgin 和 Williamson，1997；Bloom 和 Williamson，1998；汪伟，2009、2012；蔡昉，2010、2011）。

综上，本研究关注人口结构变化对经济增长的冲击机制表现为：第一，城镇化的生产率效应和要素使用效应对经济增长有正面影响。具体而言，因农业部门生产率低于非农业部门生产率，所以推进城镇化通常会提高全要素的生产率，促进经济增长。第二，城镇化的生育率效应（也称为要素的供给效应）短期偏正面，长期偏负面。具体而言，城镇化在提高生产率的同时，人口从农村迁移到城镇，从农业部门流向非农业部门，提高了生育成本，降低了生育收益，引致生育水平持续下降，城镇化引致的人口结构变迁，短期催生了人口红利，长期诱发了老龄化，即城镇化下生育水平下降短期对劳动供给和资本积累产生正面影响，长期对劳动供给和资本积累产生负面影响，不利于经济增长。总体来说，在城镇化率较低阶段，生产率效应和生育率效应都对经济增长产生正面影响，即城镇化会较大地提高生产率，降低生育率，短期增加储蓄和资本增长率，提高经济增长率，总产出和人均产出持续增加；在城镇化率较高阶段，农村生产率随着人口的迁出而上升，城镇的规模效应降低，拥挤效应凸显，生产率效应降低，同时生育率效应开始偏向负面，生育水平的持续下降引致劳动力市场入口方面新进入人口逐年减少，出口方面早期超大规模世代开始退出劳动力市场，适龄劳动人口减少，老年人口攀升，老龄化降低了储蓄和资本增长率，经济增长率下降，总产出和人均产出面临降低的风险。

过去伴随着城镇化的推进，生育水平持续下降，2015年以后新增劳动力开始出现系统性下滑，最大规模世代"60后"婴儿潮将陆续步入退休阶段，适龄劳动人口断崖式下降，人口老龄化步伐加快，老年抚养比上升引致的社会抚养比急剧攀升，资本增长率下降。在保持30多年高速经济增长以后，如今经济增速跌破7%。虽然继续提高城镇化，可以提高生产率水平，但是城镇化的负面生育效应开始凸显，即面对日益严峻的人口形势，中国表现出"未富先老"的症候：与西方国家同等老龄化水平下的人均产出相比，我国人均产出远低于发达国家。人口结构加速失衡以及劳动和资本引擎的后劲不足引发政府和学者们的担忧，担心经济增速的系统性下滑可能导致中国落入中等收入陷阱，使得表征为社会福利的人均产出持续提高面临挑战，最终影响两个百年目标的实现。基于此，本研究建立一个可延拓的理论模型，旨在提供一个表征为城镇化和老龄化的人口结构变化对经济增长冲击的前瞻性预测图景，即描绘在实现两个百年目标的关键期，单纯因为人口结构变化是否会使得经济增速出现断崖式下降？社会总产出和人均产出是否会受到人口结构的抑制？如果答案是肯定的，那么可以通过理论模型进行制度改革模拟以达到未雨绸缪的目的，进而为实现两个百年目标保驾护航。基于以上分析，在实现两个百年目标的关键期，引出两个拟解决的关键科学问题：①人口结构的变化对未来中国经济增长路径会产生何种冲击？②如果人口结构变化会给两个百年目标实现带来风险，那么制度改革的增长效应如何？

相比前人的研究工作，本研究在研究思路、研究方法以及研究内容方面有以下创新：第一，在研究思路上，本研究从城镇化出发，提出城镇化对经济增长作用的两种机制——要素效应和生产率效应，因为劳动力从乡村迁到城镇会提高社会整体生产率，生产率效应短期和长期均为正，而要素效应长短期有所不同，短期，城镇化降低了生育，引致少儿抚养比和社会总抚养比下降，增加劳动和资本要素供给，促进经济增长；长期，城镇化通过持续降低生育，引致老龄化，老年抚养比和社会总抚养比上升，降低劳动和资本要素供给，进而可能抑制经济增长。第二，在研究方法上，已有文献在分析人口年龄结构变化对经济增长的影响时（汪伟，2012；陆旸和蔡昉，2016），通常忽视人口迁移的城镇化；虽然部分研究同时考虑了城镇化和老龄化两种效应（郭凯明、颜色和龚六堂，2015），但他们的两部门决策模型通常是不可计算的，不能分析每年人口结构变化对每年经济增长的影响，进而回答在 2050 年前，伴随着城镇化的推进和老龄化的加速，中国能否实现两个百年目标的科学问题。为完善已有研究的不足，在方法上，在不考虑技术进步的情况下，本研究建立一个两部门、可计算的动态一般均衡模型，去模拟每年年龄结构和城镇化同时变化对每年经济增长的冲击。在研究内容上，不仅考虑了城镇化和老龄化对经济增长的影响，还分析了各种制度改革的效应，提出了今后工作的重心和改革抓手。

## 第一节　理论模型框架

为建立一个能够模拟中短期人口结构变化和制度改革对经济增长冲击效应的两部门多阶段决策动态一般均衡模型，厘清人口结构变化对经济增长的影响机制，单纯地回答人口结构的变化会对未来中国经济增长的路径和趋势造成何种冲击的科学问题，控制本研究不关注的变量和机制，同时为未来释放制度红利留下空间，给出研究假设：①要素市场是完备的，不存在结构性扭曲等制度问题；②全要素生产率、人力资本、劳动参与率以及就业率等不变；③市场是封闭的，不考虑国际贸易和债务等问题；④农业部门和非农业部门的劳动人口拥有相同效用函数，非农业部门的生产函数为 C－D 生产函数，且规模报酬和资本贡献份额不变，农业部门规模报酬递减。

由于人口结构不仅包括年龄结构，还包括城乡结构，所以把现实经济分为非农业部门和农业部门，参照 OLG 模型设定，把这两部门人口划分为三种类型：不参与劳动且需被抚养的青少年人口，退出劳动力市场且需要被赡养的老年人口，参与劳动且做出所有决策的劳动人口。在表征为消费部门的家庭决策中，劳动人口决策部门产出如何在消费、储蓄、抚养孩子及赡养老人之间进行分配，不像 OLG 模型追求一生效用最大化且模型每一代优化求解一次，相反，追求每期产出带来的效用最大化且每年优化求解一次。模型设定主要参考 Barro 和 Becker（1988、1989）、Doepke（2004）、Liao（2011、2013）、Stokey（1996）、Krusell 等（2000）、Yang（2016）和郭凯明等（2015）的研究。

## 一、家庭部门决策

第 $i$ 年非农业部门和农业部门的总产出分别记为 $Y_{s,i}$ 和 $Y_{u,i}$，两部门的总消费分别记为 $C_{1,s,i}$ 和 $C_{1,u,i}$，总储蓄分别记为 $S_{s,i}$ 和 $S_{u,i}$；抚养一个青少年人口占单个劳动人口工资的比例分别记为 $\mu_s$ 和 $\mu_u$，单个劳动人口的工资分别为 $w_{s,i}$ 和 $w_{u,i}$，青少年数量分别为 $H_{s,i}$ 和 $H_{u,i}$，两部门总产出中用于抚养孩子的支出分别记为 $H_{s,i}\mu_s w_{s,i}$ 和 $H_{u,i}\mu_u w_{u,i}$；赡养一个老人占单个劳动人口工资的比例分别记为 $\phi_s$ 和 $\phi_u$，老年人数量分别记为 $O_{s,i}$ 和 $O_{u,i}$，两部门总产出中用于赡养老人的支出分别记为 $O_{s,i}\phi_s w_{s,i}$ 和 $O_{u,i}\phi_u w_{u,i}$。第 $i$ 年两部门决策者在分配产出中面临的预算约束方程为

$$Y_{x,i} = C_{1,x,i} + S_{x,i} + H_{x,i}\mu_x w_{x,i} + O_{x,i}\phi_x w_{x,i} \qquad (7-1)$$

其中，$x = s$，$u$。第 $i$ 年消费 $C_{1,x,i}$ 意味着当期消费，储蓄 $S_{x,i}$ 意味着未来消费，是一种投资，若记第 $i+1$ 年资本收益率为 $r_{i+1}$，那 $S_{x,i}$ 在第 $i+1$ 年获得 $S_{x,i}(1+r_{i+1})$ 单位回报。只有生育孩子和赡养老人，老年时候才能被孩子赡养，这在中国是历史沉淀的伦理文化，也是保证人类生生不息的社会规则，意味着生育和赡养老人具有投资属性。那么第 $i$ 年的抚养和赡养支出 $H_{x,i}\mu_x w_{x,i} + O_{x,i}\phi_x w_{x,i}$ 在第 $i+1$ 年获得多少回报呢？人社部发言人表示，中国平均退出劳动力市场年龄为 54 岁，第 $i$ 年劳动人口中 54 岁队列在第 $i+1$ 年变成需赡养

的老人，54 岁队列在第 $i+1$ 年获得的回报可近似看作第 $i$ 年抚养和赡养老人支出 $H_{x,i}\mu_x w_{x,i} + O_{x,i}\phi_x w_{x,i}$ 的回报。如果第 $i$ 年 $X$ 部门年龄为 $j$ 的人口数量记为 $P_{x,i,j}$，非农业部门和农业部门中第 $i$ 年将要退出劳动力市场的人口分别记为 $P_{s,i,54}$ 和 $P_{u,i,54}$，相应退休年龄上的幸存率分别记为 $\pi_{s,i,54}$ 和 $\pi_{u,i,54}$，第 $i$ 年临近退休劳动人口的抚养和赡养支出为 $\dfrac{P_{x,i,54}}{L_{x,i}}(H_{x,i}\mu_x w_{x,i} + O_{x,i}\phi_x w_{x,i})$，在第 $i+1$ 年获得的赡养收入为 $\pi_{x,i,54}P_{x,i,54}\phi_x w_{x,i+1}$，则第 $i$ 年抚养和赡养老人支出 $H_{x,i}\mu_x w_{x,i} + O_{x,i}\phi_x w_{x,i}$ 的回报近似为 $\pi_{x,i,54}P_{x,i,54}\phi_x w_{x,i+1} - \dfrac{P_{x,i,54}}{L_{x,i}}(H_{x,i}\mu_x w_{x,i} + O_{x,i}\phi_x w_{x,i})$。综上，第 $i$ 年两部门产出分配中储蓄、抚养以及赡养支出获得的回报 $C_{2,x,i}$ 为

$$C_{2,x,i} = S_{x,i}(1+r_{i+1}) + \pi_{x,i,54}P_{x,i,54}\phi_x w_{x,i+1} -$$
$$(H_{x,i}\mu_x w_{x,i} + O_{x,i}\phi_x w_{x,i})\frac{P_{x,i,54}}{L_{x,i}} \qquad (7-2)$$

其中，$x=s$，$u$。第 $i$ 年各部门消费 $C_{1,x,i}$ 直接进入决策者的效用函数中，在过去和当前的中国，生育和赡养老人不仅是一种为养老进行的投资行为，还延伸出一种天伦之乐的文化，生育和赡养行为本身会带来快乐和福利的提升，抚养孩子支出 $H_{x,i}\mu_x w_{x,i}$ 和赡养老人支出 $O_{x,i}\phi_x w_{x,i}$ 将在第 $i$ 年直接进入决策者的效用函数中。如果决策者的目标效用函数为对数形式，根据上述分析，效用函数应该包括当期消费支出带来的效用、当期抚养孩子支出的效用、当期赡养老人支出的效用以及当期投资在下一期回报带来的效用（储蓄、生育和赡养回报带来的效用），则第 $i$ 年两部门决策者的目标函数为

$$U_{x,i} = \log(C_{1,x,i}) + \beta_x \log(C_{2,x,i}) +$$
$$\zeta_x \gamma_x \log(H_{x,i}\mu_x w_{x,i}) + \zeta_x \log(O_{x,i}\phi_x w_{x,i}) \qquad (7-3)$$

其中，$x=s$，$u$。$\beta_x$ 表示两部门决策者对未来消费赋予的权重，称为折现系数，$\gamma_x$ 和 $\zeta_x$ 分别表示两部门决策者对抚养孩子和赡养老人支出赋予的权重，称为抚养系数和赡养系数。参考 Yang（2016）的工作，如果一种产出的分配方案实现了决策者效用最大化，那么这种产出分配方案至少从当期和下一期来看，使目标函数 $U_{x,i}$ 取得最大值。

综上，第 $i$ 年两部门决策者面临的决策是如何分配该部门产出用于消费、储蓄、抚养孩子及赡养老人以获得第 $i$ 年产出带来效用的最大化，目标函数和约束方程为

$$\max U_{x,i} = \log(C_{1,x,i}) + \beta_x \log(C_{2,x,i}) + \gamma_x \log(H_{x,i}\mu_x w_{x,i}) + \zeta_x \log(O_{x,i}\phi_x w_{x,i})$$

$$s.t. \begin{cases} Y_{x,i} = C_{1,x,i} + S_{x,i} + H_{x,i}\mu_x w_{x,i} + O_{x,i}\phi_x w_{x,i} \\ C_{2,x,i} = S_{x,i}(1+r_{i+1}) + \pi_{x,i,54}P_{x,i,54}\phi_x w_{x,i+1} - (H_{x,i}\mu_x w_{x,i} + O_{x,i}\phi_x w_{x,i})\dfrac{P_{x,i,54}}{L_{x,i}} \\ 0 < \beta_x, \gamma_x, \zeta_x, \pi_{x,i,54}, \mu_x, \phi_x < 1 \end{cases}$$

$$(7-4)$$

其中，$x = s$，$u$。考虑到第 $i$ 年两部门决策者单独决策的最优解，在数学上等价于一个决策者在两部门的预算约束下，根据两部门目标函数线性之和最大化分别求出两个部门产出分配方案的最优解。在整个社会层面上，两部门的福利存在差异性或者重要程度不同，如果引入福利转化系数 $\chi$，即一单位非农业部门的福利与 $\chi$ 单位农业部门的福利相等，则两部门目标函数之和或者总社会福利为 $U_{s,i} + \chi U_{u,i}$，最终第 $i$ 年包括两部门的家庭决策的目标函数和约束条件为

$$\max U_i = U_{s,i} + \chi U_{u,i}$$

$$s.t. \begin{cases} Y_{s,i} = C_{1,s,i} + S_{s,i} + H_{s,i}\mu_s w_{s,i} + O_{s,i}\phi_s w_{s,i} \\ C_{2,s,i} = S_{s,i}(1+r_{i+1}) + \pi_{s,i,54}P_{s,i,54}\phi_s w_{s,i+1} - (H_{s,i}\mu_s w_{s,i} + O_{s,i}\phi_s w_{s,i})\dfrac{P_{s,i,54}}{L_{s,i}} \\ Y_{u,i} = C_{1,u,i} + S_{u,i} + H_{u,i}\mu_u w_{u,i} + O_{u,i}\phi_u w_{u,i} \\ C_{2,u,i} = S_{u,i}(1+r_{i+1}) + \pi_{u,i,54}P_{u,i,54}\phi_u w_{u,i+1} - (H_{u,i}\mu_u w_{u,i} + O_{u,i}\phi_u w_{u,i})\dfrac{P_{u,i,54}}{L_{u,i}} \\ 0 < \beta_s, \gamma_s, \zeta_s, \pi_{s,i,54}, \mu_s, \phi_s, \beta_u, \gamma_u, \zeta_u, \pi_{u,i,54}, \mu_u, \phi_u < 1 \end{cases}$$

$$(7-5)$$

## 二、生产部门决策

为建立能够进行模拟的动态一般均衡模型，家庭决策方程中的工资 $w_{x,i}$ 和 $r_{i+1}$ 等关键变量将不再外生，而由相应部门生产者的利润最

大化条件决定。两部门生产函数设定主要参照 Stokey（1996）、Krusell 等（2000）及郭凯明等（2013、2015）的研究。根据农业部门的特点，假设生产函数规模报酬递减，设定为 $Y_{u,i} = B_i (h_{u,i}L_{u,i})^{\vartheta}$，其中，$h_{u,i}$、$B_i$ 分别为农业部门中劳动人口的人均人力资本水平和全要素生产率，$\vartheta \leqslant 1$，这意味着 $\dfrac{\mathrm{d}Y_{u,i}}{\mathrm{d}L_{u,i}} \geqslant 0$ 和 $\dfrac{\mathrm{d}^2 Y_{u,i}}{\mathrm{d}^2 l_{u,i}} \leqslant 0$，在不考虑农业部门人力资本和全要素生产率的情况下，劳动人口增加（$L_{u,i}\uparrow$）意味着农业的总产值增加（$Y_{u,i}\uparrow$），但农业部门的劳动报酬 $w_{u,i}$ 随着劳动人口的增加（$L_{u,i}\uparrow$）而降低，随着劳动人口的流出（$L_{u,i}\downarrow$）而上升。根据非农业部门中劳动和资本的替代性关系，设生产函数为 $Y_{s,i} = A_i (K_i)^{\alpha}(h_{s,i}L_{s,i})^{\rho}$，其中，$A_i$、$h_{s,i}$、$\alpha$ 以及 $\rho$ 分别记为全要素生产率、人力资本、资本贡献份额以及劳动贡献份额。根据两部门生产者利润最大化条件：劳动边际收益等于劳动的边际成本，资本边际收益等于资本的边际成本，劳动的边际收益等于产出关于劳动的导数，资本的边际收益等于产出关于资本的导数，则两部门生产者利润最大化条件为

$$\begin{cases} w_{u,i} = \dfrac{\partial Y_{u,i}}{\partial L_{u,i}} = \vartheta B_i (h_{u,i})^{\vartheta}(L_{u,i})^{\vartheta-1} \\[2mm] w_{s,i} = \dfrac{\partial Y_{s,i}}{\partial L_{s,i}} = \rho A_i (K_i)^{\alpha}(h_{s,i})^{\rho}(L_{s,i})^{\rho-1} \\[2mm] w_{u,i+1} = \dfrac{\partial Y_{u,i+1}}{\partial L_{u,i+1}} = \vartheta B_{i+1} (h_{u,i+1})^{\vartheta}(L_{u,i+1})^{\vartheta-1} \\[2mm] w_{s,i+1} = \dfrac{\partial Y_{s,i+1}}{\partial L_{s,i+1}} = \rho A_{i+1} (K_{i+1})^{\alpha}(h_{s,i+1})^{\rho}(L_{s,i+1})^{\rho-1} \\[2mm] r_{i+1} = \dfrac{\partial Y_{s,i+1}}{\partial K_{i+1}} = \alpha A_{i+1} (K_{i+1})^{\alpha-1}(h_{s,i+1}L_{s,i+1})^{\rho} \end{cases} \qquad (7-6)$$

为模拟人口结构变化对未来中国经济增长的冲击，需要把上述决策动态化，其中决策的关键是知道两部门中的人口和资本运动方程。由于人口结构外生给定，那么资本运动方程如何被内生地决定呢？依据两部门生产函数的特点，如果设定资本的折旧率为 $\delta$ 且假设两部门的储蓄全部用来投资，由于两部门每年的储蓄都是需要求解的内生变

量，那么第 $i+1$ 年资本存量 $K_{i+1}$ 就由第 $i$ 年非农业部门和农业部门储蓄 $S_{s,i}$ 和 $S_{u,i}$ 联合第 $i$ 年的资本存量 $K_i$ 内生决定，则资本运动方程为

$$K_{i+1} = (1-\delta)K_i + S_{s,i} + S_{u,i} \qquad (7-7)$$

综合第 $i$ 年家庭决策和生产者决策，在已知变量 $K_i$ 以及 $\beta_x$、$\gamma_x$、$\zeta_x$、$\pi_{x,i,54}$、$\mu_x$、$\phi_x$、$h_{x,i}$、$\chi$、$B_i$、$\vartheta$、$\alpha$、$\rho$、$A_i$ 等参数情景下（工资 $w_{x,i}$ 和利率 $r_{i+1}$ 可以用参数、资本以及人口结构表示），如果知道第 $i$ 年两部门的人口结构，即 $H_{x,i}$、$L_{x,i}$、$O_{x,i}$、$P_{x,i,54}$，就可以计算出第 $i$ 年各部门决策者对产出在消费 $C_{1,x,i}$、储蓄 $S_{x,i}$、抚养孩子支出 $H_{x,i}\mu_x w_{x,i}$ 以及赡养老人支出 $O_{x,i}\phi_x w_{x,i}$ 上的最优分配方案；计算出第 $i$ 年的储蓄 $S_{x,i}$，可以知道第 $i+1$ 年的资本存量 $K_{i+1}$，如果参数在每期不变且第 $i+1$ 年的人口结构已知，类似可以计算出第 $i+1$ 年各部门决策者对产出在消费 $C_{1,x,i+1}$、储蓄 $S_{x,i+1}$、抚养孩子支出 $H_{x,i+1}\mu_x w_{x,i+1}$ 及赡养老人支出 $O_{x,i+1}\phi_x w_{x,i+1}$ 上的最优分配方案。依次类推，如果知道每年的人口结构，参数不变，根据初始资本存量和资本运动方程，可以计算出未来每年对产出的最优分配方案。综上，如果想计算第 $i$ 年和以后各年各部门最优的产出分配方案，就需知道未来每年各部门的人口结构或者人口运动方程。参考陆旸和蔡昉（2014）及郭志刚（2013）的研究，假设人口结构外生，那么未来每年各部门的人口结构如何预测呢？计算未来每年非农业部门和农业部门分年龄的人口数量，更确切地说，在已知各年龄段死亡率的前提下，求出两部门每年新出生婴儿数和其他年龄段的人口数量。据此，计算出两部门未来青少年、劳动人口、老年人口、总人口以及将要退休人口的数量。

由于生育是外生给定的，这里不妨设第 $i$ 年非农业部门和农业部门的妇女在年龄为 $j$ 岁时的分年龄生育率分别为 $tfr_{s,i,j}$ 和 $tfr_{u,i,j}$，通过第六次人口普查（简称"六普"）获得分部门分年龄的初始生育率，根据生育政策调整前后生育水平和政策生育水平加以处理，生成分年龄生育率 $tfr_{s,i,j}$ 和 $tfr_{u,i,j}$；两部门第 $i$ 年 $j$ 岁的男女人口数量分别记为 $P_{s,i,j}^{male}$、$P_{s,i,j}^{female}$、$P_{u,i,j}^{male}$ 以及 $P_{u,i,j}^{female}$，对应幸存率分别记为 $\pi_{s,i,j}^{male}$、$\pi_{s,i,j}^{female}$、$\pi_{u,i,j}^{male}$ 以及 $\pi_{u,i,j}^{female}$，幸存率来自六普，且假设以后各年不变；非农业部门和农业部

门新出生婴儿的男女性别比分别记为 $sr_{s,i}$ 和 $sr_{u,i}$；两部门第 $i$ 年 $j$ 岁的人口数量分别相应记为 $P_{s,i,j}$ 和 $P_{u,i,j}$，总人口数量分别记为 $P_{s,i}$ 和 $P_{u,i}$，社会总人口数量记为 $P_i$。

为说明人口在农业部门和非农业部门之间的动态迁移机制，引入迁移概率，这里记第 $i$ 年 $j$ 岁的男女人口分别从农村迁移到城镇的概率为 $pr_{i,j}^{male}$ 和 $pr_{i,j}^{female}$，城乡分年龄的男女迁移概率根据城镇非户籍人口中分性别和分年龄的人口分别占总城镇非户籍人口的比例计算获得，为求解方便，假设大于 100 岁的人自动退出模型，但这并不意味着所有人都能够活到 100 岁，而是以一定的概率存活到 100 岁。以第 $i+1$ 年 $j+1$ 岁的非农业部门男性人口数量 $P_{s,i+1,j+1}^{male}$ 计算为例，等于第 $i$ 年 $j$ 岁的非农业部门男性人口数量 $P_{s,i,j}^{male}$ 加上从农业部门迁移来的男性人口数量 $P_{u,i,j}^{male} pr_{i,j}^{male}$，再乘以第 $i$ 年 $j$ 岁的非农业部门男性人口的幸存率 $\pi_{s,i,j}^{male}$，则第 $i+1$ 年 $j+1$ 岁两部门的男女人口数量分别为

$$
\begin{cases}
P_{s,i+1,j+1}^{male} = \pi_{s,i,j}^{male}\left( P_{s,i,j}^{male} + P_{u,i,j}^{male} pr_{i,j}^{male} \right) \\
P_{s,i+1,j+1}^{female} = \pi_{s,i,j}^{female}\left( P_{s,i,j}^{female} + P_{u,i,j}^{female} pr_{i,j}^{female} \right) \\
P_{u,i+1,j+1}^{male} = \pi_{u,i,j}^{male}\left( P_{u,i,j}^{male} - P_{u,i,j}^{male} pr_{i,j}^{male} \right) \\
P_{u,i+1,j+1}^{female} = \pi_{u,i,j}^{female}\left( P_{u,i,j}^{female} - P_{u,i,j}^{female} pr_{i,j}^{female} \right) \\
0 < pr_{i,j}^{male}, pr_{i,j}^{female}, \pi_{x,i,j}^{female}, \pi_{x,i,j}^{male} < 1 \\
j = 0, 1, \cdots, 99
\end{cases}
\tag{7-8}
$$

那么，第 $i+1$ 年两部门新出生的男女婴儿数量分别是多少呢？每年两部门新出生的婴儿数量等于当年对应部门育龄年龄段上的妇女人口乘以对应年龄段生育率之和，然后把两个部门新出生的婴儿数量分别用出生性别比折算，得出两部门每年新出生的男女婴儿数量分别为

$$
\begin{cases}
P_{s,i+1,0}^{male} = \dfrac{sr_{s,i}}{sr_{s,i}+1} \pi_{s,i+1,0}^{male} \sum_{j=15}^{49} P_{s,i+1,j}^{female} \, tfr_{s,i+1,j} \\[2mm]
P_{s,i+1,0}^{female} = \dfrac{1}{sr_{s,i}+1} \pi_{s,i+1,0}^{female} \sum_{j=15}^{49} P_{s,i+1,j}^{female} \, tfr_{s,i+1,j} \\[2mm]
P_{u,i+1,0}^{male} = \dfrac{sr_{u,i}}{sr_{u,i}+1} \pi_{u,i+1,0}^{male} \sum_{j=15}^{49} P_{u,i+1,j}^{female} \, tfr_{u,i+1,j} \\[2mm]
P_{u,i+1,0}^{female} = \dfrac{1}{sr_{u,i}+1} \pi_{u,i+1,0}^{female} \sum_{j=15}^{49} P_{u,i+1,j}^{female} \, tfr_{u,i+1,j} \\[2mm]
0 < tfr_{x,i+1,j}, \pi_{x,i,0}^{female}, \pi_{x,i,0}^{male} < 1
\end{cases}
\tag{7-9}
$$

考虑到法律规定 16 周岁以前参与劳动属于违法行为，在此把 0 ~ 15 周岁的人口称为青少年人口；由于当前法定男性退休年龄为 60 周岁，女工人 50 周岁，女干部 55 周岁，近似假定劳动人口退出劳动力市场年龄为 54 周岁，故 55 ~ 100 周岁人口为老年人口；若不考虑劳动参与率和失业率，16 ~ 54 周岁人口为劳动人口，这里需要说明的是，由于对劳动人口、老年人口划分的不同，对未来劳动人口和老年人口的预测可能会与其他学者和机构的预测存在差异。综上，历年两部门青少年人口、劳动人口以及老年人口的数量分别为

$$
\begin{cases}
H_{x,i} = \sum_{j=0}^{15} \left( P_{x,i,j}^{male} + P_{x,i,j}^{female} \right) \\[2mm]
L_{x,i} = \sum_{j=16}^{54} \left( P_{x,i,j}^{male} + P_{x,i,j}^{female} \right) \\[2mm]
O_{x,i} = \sum_{j=55}^{100} \left( P_{x,i,j}^{male} + P_{x,i,j}^{female} \right)
\end{cases}
\qquad (7-10)
$$

下一步，两部门人口运动方程计算过程中的参数如何设定呢？关于人口运动方程，根据 2010 年六普城镇和农村分年龄的生育率，考虑到《中国统计年鉴 2014》提供的总和生育率为 1.31 左右，综合郭志刚（2013）、尹文耀等（2013）以及翟振武等（2015）的研究，设定"全面二孩"政策之前农村总和生育率为 1.8，城镇总和生育率为 1.2，按照一定比例生成 2015 年的分年龄分性别生育率。城乡分年龄分性别的幸存率采用 2010 年人口普查的数据且假定以后不变。分年龄分性别从乡村迁移到城镇的概率采用六普数据中城镇男女流动人口年龄的分布率，同时假设每年农村人口的 1% 迁移出去。将六普城镇流动人口男女比例分配到城镇男女人口数量中，设定城镇出生性别比为 1.17，乡村出生性别比为 1.2。通过上述人口计算公式，可以算出未来任何一年分性别以及分部门的青少年人口数量 $H_{x,i}$、劳动人口 $L_{x,i}$、老年人口数量 $O_{x,i}$ 以及将要退休人口数量 $P_{x,i,54}$。

## 三、一般均衡模型

把人口运动方程（7-10）、资本运动方程（7-7）代入本期和

下一期两部门的生产函数，根据两部门家庭和生产者决策，建立一个资本内生、可以模拟人口政策与人口结构变化对历年经济增长影响两部门多阶段决策的一般均衡模型。需要说明的是，外生变量，即模型不需求解变量和参数，主要为初始资本存量 $K_{2015}$、参数（$\beta_x$、$\gamma_x$、$\zeta_x$、$\pi_{x,i,54}$、$\mu_x$、$\chi$、$\phi_x$、$h_{x,i}$、$B_i$、$\vartheta$、$\alpha$、$\rho$、$A_i$），它们多为事前给定或者通过校准加以计算的量，历年两部门人口变量 $H_{x,i}$、$L_{x,i}$、$O_{x,i}$、$P_{x,i,54}$ 是独立模型之外加以预测的量；内生变量，即历年模型需要求解的变量，主要是 $Y_{x,i}$、$C_{1,x,i}$、$S_{x,i}$、$w_{x,i}$、$R_i$、$K_i$ 等。最终，在这个框架下家庭实现效用最大化，厂商实现利润最大化，每部门每年决策者面临的决策是如何把产出在消费、储蓄、抚养孩子以及赡养老人之间进行最优的分配，以实现当年产出带来效用的最大化。两部门的多阶段决策的一般均衡模型如下：

$$\max U_i = U_i^s + \chi U_i^u$$

$$s.t. \begin{cases} A_i (K_i)^\alpha (h_{s,i} L_{s,i})^\rho = C_{1,s,i} + S_{s,i} + H_{s,i} \mu_s w_{s,i} + O_{s,i} \phi_s w_{s,i} \\[2mm] C_{2,s,i} = S_{s,i}(1 + r_{i+1}) + \pi_{s,i,54} P_{s,i,54} \phi_s w_{s,i+1} - (H_{s,i} \mu_s w_{s,i} + O_{s,i} \phi_s w_{s,i}) \dfrac{P_{s,i,54}}{L_{s,i}} \\[2mm] B_i (h_{u,i} L_{u,i})^\vartheta = C_{1,u,i} + S_{u,i} + H_{u,i} \mu_u w_{u,i} + O_{u,i} \phi_u w_{u,i} \\[2mm] C_{2,u,i} = S_{u,i}(1 + r_{i+1}) + \pi_{u,i,54} P_{u,i,54} \phi_u w_{u,i+1} - (H_{u,i} \mu_u w_{u,i} + O_{u,i} \phi_u w_{u,i}) \dfrac{P_{u,i,54}}{L_{u,i}} \\[2mm] w_{u,i} = \vartheta B_i (h_{u,i})^\vartheta (L_{u,i})^{\vartheta-1} \\[2mm] w_{s,i} = \rho A_i (K_i)^\alpha (h_{s,i})^\rho (L_{s,i})^{-1} \\[2mm] w_{u,i+1} = \vartheta B_{i+1} (h_{u,i+1})^\vartheta (L_{u,i+1})^{\vartheta-1} \\[2mm] w_{s,i+1} = \rho A_{i+1} (K_{i+1})^\alpha (h_{s,i+1})^\rho (L_{s,i+1})^{-1} \\[2mm] r_{i+1} = \alpha A_{i+1} (K_{i+1})^{\alpha-1} (h_{s,i+1} L_{s,i+1})^\rho \\[2mm] K_{i+1} = (1 - \delta) K_i + S_{s,i} + S_{u,i} \\[2mm] 0 < \beta_s, \gamma_s, \zeta_s, \pi_{s,i,54}, \mu_s, \phi_s, \beta_u, \gamma_u, \zeta_u, \pi_{u,i,54}, \mu_u, \phi_u < 1 \end{cases}$$

$$(7-11)$$

## 四、初始参数设定

已知初始资本存量、人口运动方程以及模型中参数，根据方程

（7-11）即可模拟人口结构变化对未来每年产出增速、总产出及人均产出的影响。两部门的人口变量已外生给定，要使得方程（7-11）能够进行模拟，还需知道初始资本存量和其他参数设定，由于不考虑人力资本，故农业部门与非农业部门的人力资本含量为 $h_{u,i} = h_{s,i} \equiv 1$，同时根据假设，非农业部门生产函数规模报酬不变，则有 $\alpha + \rho = 1$。其他参数的设定参照相关文献和校准方法稍加计算，具体参数和初始资本存量设定见表7-1。

**表7-1　参数设定**

| 参数 | 设定值 | 依据 |
|---|---|---|
| 初始资本存量 $K_{2015}$（亿元） | 1038802 | 参照李宾和曾志雄（2009）等 |
| 折旧率 $\delta$ | 0.05 | 参照陈昌兵（2014） |
| 非农业部门全要素生产率 $A_i$ | 0.016 | 校准获得 |
| 农业部门全要素生产率 $B_i$ | 1.987 | 校准获得 |
| 非农业部门资本贡献份额 $\alpha$ | 0.5 | 参考 Zhu 等（2014） |
| 折现因子 $\beta_x$ | 0.95 | 参照 Yang（2016） |
| 抚养系数 $\mu_x$ | 0.8 | 参照 Liao（2013）和计算 |
| 养老金替代率 $\phi_x$ | 0.7 | 世界银行标准和中国目标替代率 |
| 孩子消费的权重系数 $\gamma_x$ | 0.9 | 理性人假设 |
| 老人消费的权重系数 $\zeta_x$ | 0.6 | 理性人假设与孩子消费权重系数比较 |
| 福利转化系数 $\chi_x$ | 0.8 | 非农业部门有更大决策权 |

## 第二节　未来的经济增长率

### 一、基准情景

从图7-1~图7-3可以看出，在全要素生产率不变、市场完备、不考虑人力资本以及劳动参与率的情景下，按照现实参数进行模拟发现：①2015—2050年实际潜在产出增速呈现L形的下降趋势且2040年以后实际产出增速开始转负，上述结论基本上与陆旸和蔡昉（2013、2014以及2016）的发现吻合。②经济增速的L形轨迹引致实际社会总产出呈现一个增速下降的倒 U 形轨迹，拐点在 2040 年左右。③生育水平的降低，人口世代更迭下老年人口的激增，人口规模过度萎缩，同时由于资本红利消失速度滞后于人口红利消失速度（杨华磊、何凌云和汪伟，2017），产出增速缓慢，但依然大于人口萎缩速度，导致实际人均产出基本上呈现一个逐年上升但增速放缓的趋势，2040 年以后以 2000 年计价的实际人均产出达到 43580 元以后，处在停滞状态，按照 2015 年的汇率 6.228 以及以 2015 年计价，2050 年实际人均产出为 11131 美元，低于进入高收入国家的门槛值 12000 美元。这意味着伴随城镇化的推进和老龄化社会的到来，如果不把经济增长的动力转换到依靠全要素生产率等上，人口结构的变化使得中国两个百年目标的实现存在较大风险，中国长期发展和经济福利持续提高将面临挑战。

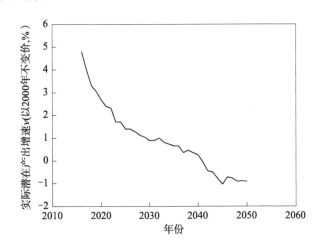

**图 7 - 1　2015—2050 年实际潜在产出增速**

为什么实际产出增速呈现 L 形的态势且在 2040 年左右为负呢？这是因为产出增速的变化趋势取决于城镇化带来的生产率效应和老龄化带来的要素效应。2015 年以后，随着人口结构的变迁和城镇化的继续推进，农业劳动的生产率水平上升，城镇的规模效应弱化，拥挤效应凸显，城镇化带来的劳动生产率效应逐年减弱；虽然人口世代的更迭，中国最大规模世代"60 后"婴儿潮退出劳动力市场，同时由于

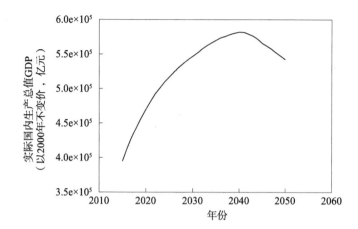

图 7-2 2015—2050 年实际国内生产总值

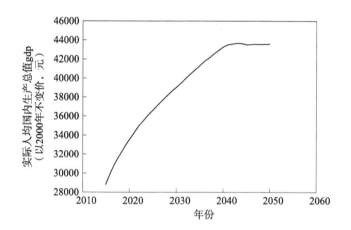

图 7-3 2015—2050 年实际人均国内生产总值

中国 20 世纪 90 年代以后出生人口逐年下降，引致 20 年以后新成长劳动力或者适龄劳动人口增长率逐年下降，根据杨华磊、何凌云和汪伟（2017）的研究，表征为储蓄或者储蓄率的资本红利也将随人口红利的消失而消失，劳动和资本红利的相继消失，劳动和资本要素的增长率下降，进而产出增速呈现下降的趋势。到 2040 年左右，虽然城镇化提高了经济的生产率水平，但是无法弥补过去城镇化过程中生育水平的长期下降引致 2015 年新进入劳动力市场人口减少和老龄化加速带来的负面影响，城镇化下生育水平长期下降引致的老龄化效应开始大于城镇化的生产率效应，导致经济增长为负。

146

为什么总产出呈现短期增加、长期下降的趋势呢？这是因为短期实际产出增长率依然为正，所以总产出呈现增加趋势，2040 年以后产出增长率小于零，总产出则开始下降。为什么人均产出呈现一直增加的趋势呢？主要有两个原因：其一，人均产出更多取决于劳动生产率，城镇化下劳动生产率不断提升；其二，由于前期资本积累使得资本在很长一段时间呈现增加趋势，资本红利消失滞后于人口红利等的消失，虽然人口规模萎缩，特别是出生人口和适龄劳动人口的减少使得人口增长率低于产出增长率（包括人口增长率和资本增长率），所以即便人口规模萎缩、出生人口下降以及适龄劳动减少，人均产出依然还呈现增加趋势，但增速变缓。

## 二、敏感性分析

为了考察上述结论的稳健性，在此对两部门中的核心参数 $\beta$、$\gamma$ 以及 $\chi$ 进行敏感性分析。为保障参数选取全面和分析结论可靠，分别选取比基准参数大或小的参数进行模拟。基准参数情景（Benchmark）为初始参数设定。从图 7 - 4 ~ 图 7 - 6 可以看出：①虽然折现系数 $\beta$ 越大，总产出、人均产出及产出增速也越大，但折现系数改变不了总产出、人均产出以及产出增速的趋势性特征；②结论关于孩子消费权重 $\gamma$、老年人口消费权重 $\zeta$ 及农业部门权重 $\chi$ 的改变都不敏感，即结论稳健。

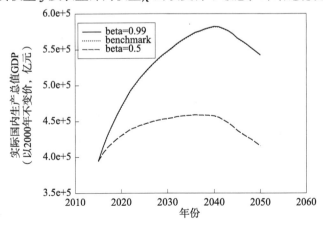

**图 7 - 4　总产出的敏感性分析**

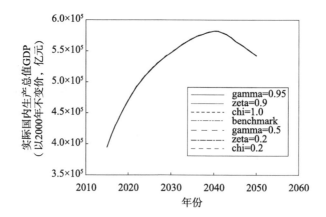

图7-4 总产出的敏感性分析（续）

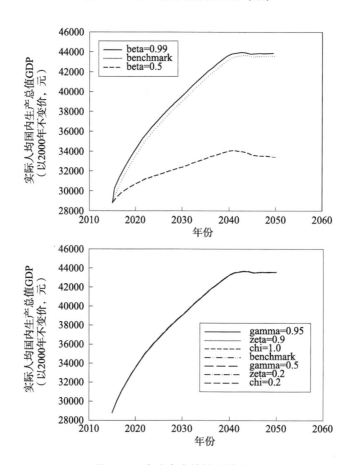

图7-5 人均产出的敏感性分析

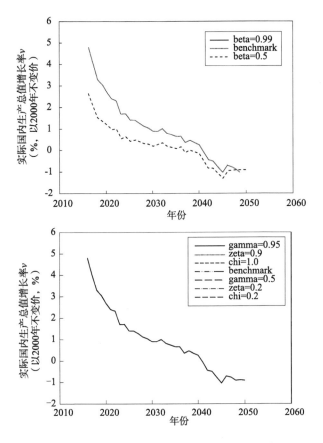

图 7 - 6　产出增速的敏感性分析

## 三、假设情景

　　2015 年以后，中国最大规模世代"60 后"婴儿潮将陆续步入退休阶段，"95 后"和"00 后"出生低谷世代进入劳动力市场，适龄劳动人口减少，老龄化加速，而 2015 年中国常住城镇化率为 56.1%，加快推进城镇化，发挥城镇化的生产率效应，能否改变经济增长的路径？未来是城镇化的生产率效应占主导还是生育率效应占主导？由于城镇化生育效应的作用力臂较长，为模拟推进城镇化的产出和经济增长效应，首先假设城镇化不对生育水平造成影响，据此设计两种情景：①每年农村总人口的 1% 按照六普分年龄及分性别的迁移模式迁入城镇相应年龄和性别上（简称ur 1%）；②每年农村总人口的

2% 按照六普分年龄及分性别的迁移模式迁入城镇相应年龄和性别上（简称 ur 2%），以此说明城镇化的产出和经济增长效应，模拟结果如图 7-7 所示。

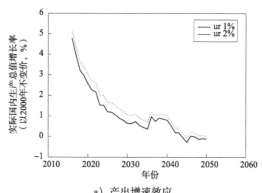

a）产出增速效应

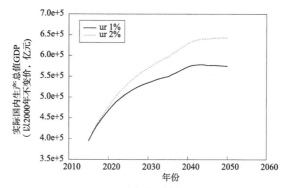

b）总产出速效应

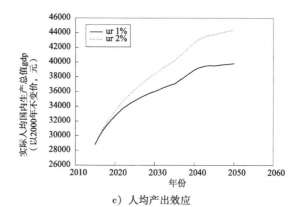

c）人均产出效应

**图 7-7　城镇化的产出增速、总产出以及人均产出效应**

城镇化对生育的影响主要是通过降低城镇的生育水平来影响生育水平，为观察城镇化对生育影响下 2015 年以后的经济增长效应，需要根据不同城镇化速度设定不同的生育水平，然后进行反事实理论模拟实验。实验分析在 ur 1% 和"全面二孩"政策背景下进行（其他情景下分析过程一样，分析结果也是稳健的）。设定城镇化不影响生育为参照组，此情景下农村和城镇都按照政策生育且城镇生育水平等于农村生育水平，这里设城镇总和生育率和农村总和生育率都为 2.0（简称 ur 1% + r – tfr 2.0 + u – tfr 2.0）；如果城镇化对生育造成负面影响，城镇生育水平应低于乡村生育水平，依据理论推断，设定实验组下城镇生育水平为"全面二孩"政策前的生育水平，农村按照政策生育，总和生育率为 2.0。依据上述实验设计，考虑到城镇化对生育的负面影响，以当前为观测起点，就可以观察城镇化继续推进对当前以及未来产出增速、总产出及人均产出的影响，反事实模拟结果如图 7 – 8 所示。

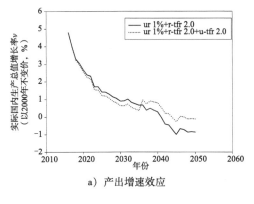

a）产出增速效应

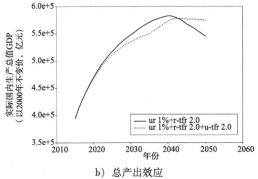

b）总产出效应

**图 7 – 8　城镇化对生育影响下的产出增速、总产出以及人均产出效应**

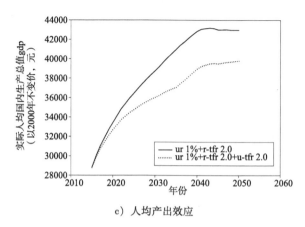

c）人均产出效应

**图7-8　城镇化对生育影响下的产出增速、总产出以及人均产出效应（续）**

　　从图7-7和图7-8可以看出，如果不考虑城镇化对生育水平的影响，2050年前，当期和未来推进城镇化对产出增速、总产出及人均产出是有利的。城镇化的推进虽然没有改变产出增速下降的趋势性特征，但是会提高总产出及人均产出，相比生育政策不变的10166美元，农村人口每年迁出2%，使得2050年的人均产出提高到11341美元，即有利于两个百年目标的实现。由于城镇代表更高级的产业结构，与此对应的城镇劳动人口有更高的生产率水平，在总人口数量不变的情况下，劳动力从农村迁移到城镇，从农业迁移到第二、三产业，升级了产业结构，提高了劳动人口的生产率，进而提高了产出增速、总产出和人均产出。

　　如果考虑城镇化对生育的负面影响，模拟结果表明：在2035年前，城镇化的推进有利于提高产出和产出增速，2035年以后，却不利于提高产出和产出增速；至少在2050年之前，也就是中国实现两个百年目标的关键期，推进城镇化有利于提高人均产出，但相比城镇化对生育没有影响的情景，推进城镇化对人均产出的提升作用更弱。这源于推进城镇化可以发挥城镇化的生产率效应，同时短期城镇化对生育的负面影响降低了生育水平，导致少儿抚养比下降，增加了储蓄和资本增长率，所以短期提高了产出增速、总产出和人均产出；城镇化的继续推进，其生产率效应虽然为正，但较高城镇化率下，生产率效应减弱，城镇化生育效应的负面影响开始凸显，即生育水平下降引致劳动人口增速和资本增速下降，对经济增长的负面效应开始慢慢超过城镇化的劳动生产率提升效应，经济增速下降，进而总产出下降。生育水平的持续下降，后续世代越来越萎缩，人口总量下降的速度大于产出减少的速度，人均产出依然呈现上升趋势，这是日本当前的写照，可能也是中国未来的写照，总量经济萎缩，人均产出依然逐步增加。考虑到未来社会老龄化加剧，城镇化的生产率效应降低，一旦产出下降速度大于人口总量减少速度，人均产出也将呈下降趋势，这就是 2040 年以后推进城镇化对人均产出的提高作用开始趋于减弱的原因。

总之，如果不考虑城镇化对生育的负面影响，城镇化的推进会一直有利于提高总产出、人均产出以及产出增速；如果考虑到城镇化对生育的负面影响，城镇化的推进短期有利于提高产出和产出增速，但是长期却不利于产出和产出增速的提高。

## 第三节　延迟退休的效应

在实现两个百年目标的关键期，伴随着城镇化的推进和生育水平的持续下降，对过去中国经济腾飞做出突出贡献的超大规模世代"60后"婴儿潮将逐步退出劳动力市场，适龄劳动人口逐年减少，社会抚养比增大，人口红利逐渐消失；养老金支出大幅攀升降低了储蓄和资本增长率，资本红利尾随人口红利也将逐步消失，经济增长的两大引擎均表现出明显的后劲不足。基于上述分析发现，虽然城镇化提高了全要素的生产率，但是随着人口世代的更迭，人口结构的急剧老化，未来经济增速呈现断崖式下降态势，总产出上升趋势于 2040 年左右发生转折，人均产出增速也逐年下降，表征为社会整体福利的人均产出在 2040 年以后将处于停滞状态。而当前的中国人均产出依然处在中等收入阶段，劳动力市场已出现拐点，人口世代更迭下中国呈现"未富先老"的症候，经济增速的断崖式下降与人均产出增速的递减，使得当前的中国有掉入中等收入陷阱的风险，影响两个百年目标的实现。产业结构的升级，与其匹配的人力资本的提高和技术进步是一个长期的过程，为了给产业结构升级和技术进步赢得时间，顺利实现两个百年目标，必须深化改革，短期先稳住经济，长期再寻求变轨，而延迟退休正是一项即时的政策。

延迟退休通过堵住劳动力市场出口，进而可能减轻老龄化对产出和增长的负面冲击。基于李燕绶的观点，延迟退休也就是推迟领取养老金，同时考虑到延迟退休针对的部门和群体不能包含将要退出劳动力市场的所有部门和人群，为在研究时顾及所有劳动群体，暂且把延迟退休等价于推迟退出劳动力市场或者推迟领取养老金。在适龄劳动人口数量逐年下降的情景下，分析逐步延迟退休的产出和经济增长效应，回答逐步延迟退休是否有利于协助中国实现两个百年目标。根据当前退休制度规定：男职工 60 周岁、女职工 50 周岁以及女干部 55 周岁退休，中国劳动力退出劳动力市场的年龄近似为 54 岁。由于农业部门多从事体力劳动，非农业部门多从事脑力劳动，在不影响分析本质的情形下，考虑到生产率的差异，暂且把农业劳动力称为体力劳动者，非农业劳动力称为脑力劳动者，依然采用上述两部门模型进行模拟。在"全面二孩"政策和人口迁移 ur 1% 的情景下，设定四种模拟情景：体力劳动者与脑力劳动者均于 55 周岁退出劳动力市场（简称 r－55＋u－55）、体力劳动者 65 周岁退出劳动力市场与脑力劳动者 55 周岁退出劳动力市场（简称 r－65＋u－55）、体力劳动者 55 周岁退出劳动力市场与脑力劳动者 65 周岁退出劳动力市场（简称 r－55＋u－65）、体力劳动者与脑力劳动者均于 65 周岁退出劳动力市场（简称 r－65＋u－65）。为简化分析过程，同时不影响分析结果，约定逐步延迟退休为每隔一年有一队列退出劳动力市场，也即两年推迟 1 岁，这种设定基本上捕捉到了逐步延迟退休对产出影响的主要特征。例如，从 2015 年逐步延迟到 65 周岁退休意味着 2015 年 54 周岁的队列将退出劳动力市场，2016 年没有队列退出劳动力市场，2017 年 55 周岁的队列将退出劳动力市场，一直到 2035 年 64 周岁的队列将退出劳动力市场，以后每个队列只要到 65 周岁，就可以退出劳动力市场，模拟结果如图 7－9 所示。

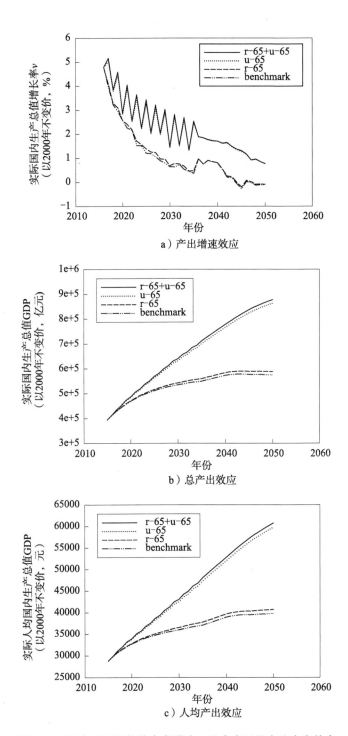

a）产出增速效应

b）总产出效应

c）人均产出效应

**图 7 - 9　逐步延迟退休的产出增速、总产出以及人均产出效应**

通过图 7-9 可以看出：①推迟退出劳动力市场或者推迟领取养老金的逐步延迟退休政策提高了产出增速、总产出及人均产出，从高到低依次为脑力部门与体力部门均延迟退休、脑力部门延迟退休与体力部门不延迟退休、脑力部门不延迟退休与体力部门延迟退休、两部门均不延迟退休。②在 2050 年前，虽然没有改变经济增速下降的趋势，但是逐步延迟退休推迟了总产出达到顶峰的时间，使得 2050 年前产出呈增加趋势，2040 年以后人均产出走出停滞状态，2050 年达 15523 美元，顺利进入高收入国家队列，实现两个百年目标。③在对产出增速、总产出及人均产出的影响方面，仅脑力部门延迟退休和两部门均延迟退休两种情景差别微小，仅体力部门延迟退休与两部门均不延迟退休两种情况差别同样很小，但脑力部门延迟退休情景下的产出增速、总产出及人均产出远高于体力部门延迟退休情景。综上，在产出方面，逐步延迟退休，特别是脑力部门的逐步延迟退休，有助于两个百年目标的实现。

为什么逐步延迟退休可以提高总产出和人均产出，且力度越大效果越好呢？这是因为逐步延迟退休堵住或者减少了劳动力市场出口的流出，降低适龄劳动人口减少和老年人口增加的速度，进而降低了老年抚养比，减少了非生产性支出，增加了储蓄和资本增长率，提高了产出增速、总产出和人均产出；逐步延迟退休力度越大，劳动人口流出越少，劳动要素减少速度越慢，储蓄和资本增长率增加也越多，效果也越明显。为什么逐步延迟退休没有改变未来产出增速下降的趋势呢？这是因为在堵住劳动力市场出口的情景下，由于 20 年前出生人数逐年下降，引致 20 年后新成长劳动力和劳动增长率逐年下降，同时资本增长率尾随劳动增长率而下降，进而产出增长率呈现下降的趋势。为什么脑力部门延迟效果好于体力部门？这是因为随着城镇化的推进，表征为知识或者脑力部门的城镇人口越来越多，且远高于表征为体力部门的农村劳动人口，体力劳动人口占总劳动人口比例越来越小；与此同时，城镇老年人口逐年增加且高于农村老年人口，农村老年人口占总老年人口占比越来越小，即脑力劳动人口和老年人口分别占总劳动人口和总老年人口比例越来越高，脑力部门的延迟退休对适龄劳动人口减少速度和养老金支付压力的缓解更明显，所以此部门的延迟退休更能提高产出增速、总产出和人均产出。

# 第四节　结论与政策启示

在当前中国经济增长的质量变革、效率变革、动力变革的过渡转换期和实现两个百年目标的关键攻坚期，虽然城镇化可以发挥生产率效应，但是城镇化下生育水平持续下降引致的人口世代老龄化及人口增量潜力和存量结构的不足正逐渐凸显，经济增速的系统性下滑和"未富先老"的典型事实使得学者担心中国存在掉入中等收入陷阱的风险。基于上述背景，在市场完备且不考虑全要素生产率的假设下，本研究构建一个可计算的两部门多阶段决策的一般均衡模型，模拟未来人口结构变化对经济增长的冲击效应，同时进一步分析制度改革的产出和经济增长效应。根据现实可行参数，模拟结果显示：①2050 年前，产出增速呈现 L 形的下降趋势，实际产出呈现倒 U 形的轨迹且于 2040 年左右下降，人均产出于 2040 年达到 11131 美元，低于进入高收入国家的门槛值 12000 美元，以后将一直处在停滞状况。这意味着如果不把经济增长的动力转换到依靠全要素生产率等上，第二个百年目标的实现将面临较大挑战。②如果不考虑城镇化对生育水平的负面影响，2050 年前推进城镇化的确会提高产出增速、总产出和人均产出，有利于两个百年目标的实现；如果考虑城镇化对生育的负面影响，快速推进城镇化，短期有利于提高产出总量和产出增速，但长期却不利；2050 年之前，推进城镇化有利于提高人均产出，进而有利于两个百年目标的实现。基于上述模拟结果，中国在 2040 年以后长期福利的提高将面临挑战，为了应对老龄化对经济的负面冲击，稳住经济，为长期经济转型赢得时间，表征为堵住劳动力出口和减少养老金负担的延迟退休政策被提上日程，进一步模拟发现：2050 年前，推迟退出劳动力市场的逐步延迟退休方案，特别是针对城镇或者脑力部门的逐步延迟退休更能够提高表征为社会福利的产出增速、总产出和人均产出，非常有利于两个百年目标实现，逐步延迟退休使得 2050 年人均产出高达 15000 美元，进而使得中国顺利进入高收入队列。

本研究的理论意义在于：①提供一个能够把城镇化和老龄化放在同一个框架内的两部门多阶段决策可计算一般均衡模型，该理论框架充分考虑了中国国情，如生育和养老行为的天伦之乐文化及投资属性，进而模拟人口结构转变、人口世代更迭以及人口政策调整对中短期经济增长的冲击效应；②给学者和政府认识城镇化对经济增长作用机理提供了新维度，城镇化通过影响生育，作用未来的人口结构，进一步影响劳动和资本，最终影响产出和增长的逻辑链条，丰富了当前学者和部分决策层的认知，如推进城镇化会通过抑制生育率间接对产出增速、总产出及人均产出产生负面作用。实践上，面对经济增速的L形轨迹，总产出和人均产出增幅在未来将持续下降，特别是 2040 年以后，实际总产出呈现下降趋势，人均产出开始进入停滞状态，这就需要政府和学者为中国经济的持续繁荣和中华民族的伟大复兴未雨绸缪，及时进行制度改革，释放制度红利。研究结论的政策含义包括：①如果中国短期不进行制度改革，长期不对经济增长方式或者产业结构进行转轨，伴随着城镇化的推进和老龄化的加快，表征为人均产出的社会福利将于 2040 年左右进入停滞状态，进而影响中国两个百年目标的实现。②加快推进城镇化可以成为未来推动中国经济增长的一个抓手，至少在 2050 年前有利于两个百年目标的实现，但是未来如果要通过推进城镇化持续提高表征为社会福利的产出和产出增速，则要同时出台一些规避城镇化对生育水平负面影响的举措，否则城镇化的长期推进将不利于社会福利的持续提高。③如果要通过表征为推迟退出劳动力市场或者推迟领取养老金的延迟退休方案来提高未来的产出增速、总产出和人均产出，工作重点应放在城镇部门或者脑力部门，而非体力部门。最后，本书还有诸多不足，如假设市场是完备的，没有考虑人口结构变化及制度改革对全要素生产率和人力资本的影响，这是本书今后需要拓展的地方。

# 第八章 结束语

## 第一节 主要结论

### 一、延迟退休的家庭生育效应

为考察延迟退休的家庭照料效应，通过引入延迟退休变量，建立一个要素内生的世代交叠模型，在一般均衡处推演发现，与退休老人再就业对家庭养老和生育的负面影响不同，延迟退休不仅有助于改善家庭养老状况，还能提高家庭生育水平。进一步采用经历过延迟退休的 OECD 国家数据进行实证分析得出，延迟退休对生育水平有显著的促进效应。其中的作用机制是，延迟退休增加的产出和社会资源通过生育支持增加了生育资源，进而促使生育水平提升。然而在缺乏配套生育支持制度的中国，延迟退休对生育水平的促进路径受到堵塞，难免引致学者和民众担忧延迟退休政策的负面影响。上述研究的政策启示在于，为保证延迟退休对生育的促进作用，在延迟退休政策出台前，政府需要规范和培育成熟的托幼育婴市场，以及出台相应的生育补贴办法。

### 二、延迟退休的家庭福利效应

为回答正常退休后民众的福利或者幸福感是否会提升这一科学问题，本研究采用生活满意度来表征民众的主观幸福感，利用 2015 年中国健康与养老追踪调查（CHARLS）数据，通过 OLS、有序 Logit 以及模糊断点回归（FRD）三种方法进行实证研究。结果均显示，退休至少不会使民众的幸福感得到显著提升，甚至退休行为还会对其幸福感产生负向作用，但整体上退休对民众的幸福感没有显著影响。通过对参考变量、协变量在断点处的连续性以及不同样本区间估计结果的检验，发现上述结论依然稳健。进一步，根据健康水平、个人财富以及存活子女数量进行分样本回归，结果仍不显著。但是现实中民众为什么会反对延迟退休呢？其一，退休后是否幸福只有真正退休后才能感受到；其二，延迟退休会造成其他方面的损失。这给我们的政策启示在于，延迟退休需要适时推出，同时需要通过家庭照料等配套政策，才能解决民众的后顾之忧。

## 三、延迟退休的劳动供给效应

为回答延迟退休方案能够有效增加劳动供给水平这一科学问题，本研究选取劳动时间为劳动供给的衡量指标，利用2015年中国健康与养老追踪调查（CHARLS）数据，采用模糊断点回归（FRD）和两阶段最小二乘法（2SLS）两种方法，对退休对我国城镇中老年劳动时间的影响进行实证分析。研究结果显示：退休至少不会显著减少中老年人劳动供给时间，即退休制度不会影响中老年人劳动时间，对学历和区域进行异质性分析后，此结论仍然具有良好的内部效度。进一步对不同类型劳动进行分析，虽然受退休政策的影响不显著，但各类型劳动的供给时间受影响趋势不一致，退休中老年人趋于将劳动时间更多地配置到非农自雇劳动中。基于此，本研究得出以下政策启示：实施"一刀切"的延迟退休方案在增加劳动供给水平方面可能收效甚微，反而可能影响就业市场劳动力的正常更替，降低劳动要素配置效率。建议实行弹性退休制度或在现有退休制度不变的情况下，保持劳动力市场有进有出，维持合理的新陈代谢，同时建立良好的中老年人就业市场环境，并促进具有较高的人力资本积累的退休中老年人重返劳动力市场的机制，最终提高中老年人的劳动供给水平。

## 四、延迟退休的劳动人口福利效应

为考察延迟退休的劳动人口福利效应，通过建立一个可以模拟延迟退休对历年劳动人口福利影响的动态优化模型，根据现实可行的参数进行模拟发现：延迟退休不仅没有挤占劳动人口福利，反而改善了劳动人口福利，并且这个结果对于参数和养老制度的改变是稳健的，而其中的机制是，延迟退休通过提高人均产出和降低单个劳动人口的抚养和赡养负担，进而提高劳动人口福利水平。此研究的政策启示在于：多向民众宣传，并传达这一事实，为应对"60后"婴儿潮促发的养老潮，尽快出台延迟退休方案。但是，为保障未来延迟退休方案不降低劳动人口福利，要适当控制生育成本和养老金替代率的上升幅度。

## 五、延迟退休的养老基金效应

为考察延迟退休的养老金效应，通过构建精算模型，根据现实可行参数进行模拟发现：相比不延迟退休，宏观上，延迟退休的确改善了社会养老金财务状况，至少使得2050年前社会养老金不出现当期赤字；微观上，如果未来历年某人按照当前养老制度，从开始工作走完一生，延迟退休是否会损害他生命周期内的养老金财富？模拟结果显示，相比不延迟退休下未来个人养老金净收益呈增加的趋势，延迟退休的确降低了个人净收益，使得个人养老金净收益呈现下降的趋势，甚至出现负值。面对延迟退休在宏观和微观上养老金效应的不一致以及国家有可能适时推出的延迟退休方案，民众该如何应对呢？进一步模拟发现：如果我们退休后提升健康素养，存活的时间更长，可以降低延迟退休对个人养老金财富的损失。

## 六、延迟退休的老年人福利效应

秉着回答延迟退休是否会增进老年人福利这一科学问题，结合当前以支定收给付确定的养老制度和延迟退休对全要素生产率的影响，从代际支持的经济福利视角，构建一个动态一般均衡模型，根据现实可行参数进行模拟发现：延迟退休提升了老年人福利。通过对核心参数、劳动人口平均年龄以及养老制度进行敏感性分析发现，上述结论依然稳健。但是媒体、学者以及新闻的实际调查结果均显示，多数民众反对延迟退休，在经济福利上，这源于现实中缺乏模型中延迟退休改善老年人福利的转移支付机制以及现存养老制度的不公平性等。此研究的政策启示在于，其一，多向民众传达这一事实，坚定民众对政策的信心；其二，尽快推出与延迟退休政策配套的政策，如提高养老金替代率、实施健康老龄化战略等，根据不同的部门制定出差异化的退休政策，真正使得延迟退休改善老年人福利。

### 七、延迟退休的经济增长效应

为回答延迟退休的经济增长效应，充分考虑中国国情，建立能够同时考察城镇化和老龄化对经济增长影响的动态可计算一般均衡框架，进行模拟发现：其一，不进行延迟退休情景下，2015—2050 年潜在增速呈现 L 形下降趋势，实际总产出呈现倒 U 形轨迹且于 2040 年左右下降；人均产出于 2040 年达到 11131 美元，低于进入高收入国家的门槛值 12000 美元，以后一直处于停滞状态。其二，在 2050 年前，虽然延迟退休没有改变经济增速下降的趋势，但是逐步延迟退休推迟了总产出达到顶峰的时间，使得 2050 年前产出呈增加趋势，2040 年以后人均产出走出停滞状态，2050 年达 15523 美元，顺利进入高收入国家队列，实现两个百年目标。

## 第二节　政策建议

### 一、分散养老潮，有次序地实施分类、逐步以及弹性延迟退休

2015 年中国采取了全面放开二孩的决策，同时 2015 年之后，伴随着中国最大的婴儿潮世代"60 后"即将步入退休年龄（杨华磊等，

2016），迎来退休潮，进而进入养老潮。在人均寿命不断延长下，"60后"婴儿潮的大规模退休首先造成的是适龄劳动人口的短缺，然后是老年人口增多，在当前中国现收现付制或者代际赡养占主导的养老制度下，无法长时间支撑，断崖式减少的劳动人口赡养趋于增加的老年人口存在困难，劳动人口的养老负担过大。为了促进财政的长期均衡，进而降低劳动人口的社会赡养负担，释放经济活力，实现中国的宏观经济目标和政治目标，延迟退休的呼声越来越高，并且将成为定局。虽然针对企业职工、机关和事业单位的延迟退休并不像全面放开二孩那样，除部分学者反对外，全部民众都欣然接受，但是延迟退休在群众之间争议很大。反对的原因有二：其一，在劳动力市场不存在扭曲时，相比不延迟的情景，延迟退休的部分目标群体，延迟退休后可能存在养老金减少的问题，即多赡养和抚养了别人，少被赡养（余桔云，2014）；其二，在劳动力市场存在扭曲时，身份固化和缺乏流动，普通企业职工、机关和事业单位的下层以及非延迟退休的目标群体，害怕通过延迟退休，在按资排辈、终身雇佣以及年功序列制的制度下，领导、官员以及高管长期占据着核心位置，被供养着，其收入远大于付出，利用权力和关系，作威作福；与此同时，普通职工以及民众无法改变身份，处在被压迫的地位，身份无法改变，供养着别人，收益小于付出（郑春荣，2008）。

## 二、实行弹性和逐步延迟退休制度，降低改革阻力

对于第一种情景，随着以前不受延迟退休制度作用的一代或者多受别人赡养一代的去世，活着的则都是受到延迟退休作用的世代，从公平上来说，此时是公平的，大家都能够接受延迟退休；从效率上来讲，人均寿命延长的同时，劳动年龄势必会相应延长，否则劳动人口负担就会增大；所以延迟退休从长期的和效率的角度来看是公平的，是可以接受的。短期大家会反对，源于从公平上讲，前人、中人以及后人之间是不公平的。为了经济和社会的长期发展，避免短期大幅改革造成的社会不稳定性，给改革增加阻力，其一，可以设定一个最低的退休年龄或者维持当前法定退休年龄不变，增加民众在退休时间上

自主选取的灵活性，实行弹性延迟退休（雷晓燕等，2010），即在最低的退休年龄上，退休得越早，领取的养老金越少；退休得越晚，领取的养老金越多，从保险精算上保证民众选择的最优退休年龄随着寿命的延长而延长；其二，实行逐步延迟退休，降低对当代某一代人的不公平程度，如使现被供养的成本被后来几代人分摊，而不是一代人（王红茹，2015）。

## 三、通过分类延退，实现普遍延迟前的初始公平性

对于第二类情景，在实行延迟退休，或者逐步延迟和弹性延迟退休之前，我们必须最大化地降低劳动力市场的扭曲性，保障逐步延迟和弹性延迟退休对于所有劳动者初始是公平的，避免初始身份和地位的不平等通过延迟退休之后造成不平等的累积，进而引致身份的固化及社会缺乏流动性。如何实现弹性延迟和逐步延迟退休前的公平性？先实行分类延迟退休，实现初始的公平性，同时逐步废除终身雇佣制和年功序列制，实行统一的编制或者全国统一的合同制和绩效制，不能实行差别的双轨制，如果是编制，则使编制可流动。如何分类延迟退休呢？对于劳动力过剩的部门，国家不能实行大规模的延迟退休，因为在终身雇佣制和年功序列制下（Martins，2009），老年员工大量存在，占据着核心位置，即使存在内部失业，新人也无法上去，造成年轻人失业率上升，并且真正的社会产品和服务创造还是不延迟退休的年轻人创造的，这种通过延迟退休把财富过渡在老年人口身上的分摊模式会损害劳动人口的积极性，所以实行不延迟退休，但是在寿命不断延长情况下避免人力资源的浪费，设计制度和激励机制，鼓励正常退休的有能力的且有工作意愿的老年人重回就业岗位。对于劳动力短缺的部门，由于工作期间工资和福利低，大部分员工急于退休，退休之后，通过养老金度过晚年或者重新寻找新的工作岗位。这些部门中，特别一些基础的行业，如现代劳动力密集的服务业和现代农业部门，生产水平还没有达到用技术替代劳动力的程度，这些行业还没有升级和转移完成，需要部分人继续就业，所以国家用现代技术改造这些行业的同时，对这些部门和行业实行一定的补贴，提升其工资和福

利，实行一定程度的延迟退休，同时创造有利于老年人口公平的就业环境。对于由制度造成的部门劳动的过分短缺和过分过剩，要逐渐消灭制度强加的不公平的福利和津贴，制定较为公平的劳动就业制度（黄少安和杨华磊，2015）。最终，通过先推行分类延迟退休，实现逐步延迟退休、弹性延迟退休以及普遍延迟退休之前的初始公平性，降低逐步、弹性以及普遍延迟退休制度推行的阻力。

# 参考文献

[1] 曹荣荣，郝磊. 人口老龄化背景下健康对中老年劳动供给的影响 [J]. 经济问题，2018 (10)：33 – 40.

[2] 程杰. "退而不休"的劳动者：转型中国的一个典型现象 [J]. 劳动经济研究，2014，2 (5)：68 – 103.

[3] 陈昌兵. 可变折旧率估计及资本存量测算 [J]. 经济研究，2014，49 (12)：72 – 85.

[4] 陈鹏军，张寒. 我国延迟退休的职工意愿及影响因素分析：基于全国 28 个省级行政区的调查研究 [J]. 经济体制改革，2015 (6)：34 – 40.

[5] 邓小清. 退休与幸福感：基于断点回归设计 [J]. 统计与决策，2019，35 (10)：98 – 100.

[6] 董娜，江蓓. 苏州女性延迟退休意愿的影响因素研究 [J]. 社会保障研究，2015 (3)：47 – 54.

[7] 封进. 延迟退休对养老金财富及福利的影响：基于异质性个体的研究 [J]. 社会保障评论，2017 (4)：46 – 59.

[8] 封进，韩旭. 退休年龄制度对家庭照料和劳动参与的影响 [J]. 世界经济，2017，40 (6)：145 – 166.

[9] 高建昆. 中国人口转变与人口红利分析 [J]. 当代经济研究，2012 (4)：58 – 64.

[10] 郭凯明，颜色. 延迟退休年龄、代际收入转移与劳动力供给增长 [J]. 经济研究，2016，51 (6)：128 – 142.

[11] 弓秀云. 我国劳动者退休意愿的实证研究 [J]. 云南财经大学学报，2018，34 (6)：105 – 112.

[12] 黄晨熹. 1964 ~ 2005 年我国人口受教育状况的变动：基于人口普查/抽查资料的分析 [J]. 人口学刊，2011 (4)：3 – 13.

[13] 金刚，柳清瑞，宋丽敏. 延迟退休的方案设计及对城镇企业职工基本养老

保险统筹基金收支影响研究 [J]. 人口与发展，2016 (6)：25 - 36.

[14] 靳小怡，刘妍珺. 照料孙子女对老年人生活满意度的影响：基于流动老人和非流动老人的研究 [J]. 东南大学学报（哲学社会科学版），2017, 19 (2)：119 - 129.

[15] 康传坤，楚天舒. 人口老龄化与最优养老金缴费率 [J]. 世界经济，2014 (4)：139 - 160.

[16] 雷晓燕，谭力，赵耀辉. 退休会影响健康吗？ [J]. 经济学（季刊），2010, 9 (4)：1539 - 1558.

[17] 李宾，曾志雄. 中国全要素生产率变动的再测算：1978 ~ 2007 年 [J]. 数量经济技术经济研究，2009, 26 (3)：3 - 15.

[18] 李宏彬，施新政，吴斌珍. 中国居民退休前后的消费行为研究 [J]. 经济学（季刊），2014 (4)：117 - 134.

[19] 李建新，刘保中. 健康变化对中国老年人自评生活质量的影响：基于 CLHLS 数据的固定效应模型分析 [J]. 人口与经济，2015 (6)：1 - 11.

[20] 李琴，彭浩然. 谁更愿意延迟退休：中国城镇中老年人延迟退休意愿的影响因素分析 [J]. 公共管理学报，2015 (2)：119 - 128.

[21] 梁银鹤，禹思恬，董志勇. 房产财富与劳动供给行为：基于 CFPS 微观面板数据的分析 [J]. 经济科学，2019 (1)：95 - 107.

[22] 梁宏. 延迟退休对减少基础养老金支付的效果：基于未来人口年龄结构的探讨 [J]. 南方人口，2015 (3)：45 - 56.

[23] 林熙，林义. 延迟退休对我国劳动者养老金收入的影响：基于 Option Value 模型的预测 [J]. 人口与经济，2015 (6)：12 - 21.

[24] 林毓铭，刘冀楠. 公共政策的网络舆情演化分析：以延迟退休年龄政策为例 [J]. 情报杂志，2016, 35 (8)：151 - 155.

[25] 刘生龙，郎晓娟. 退休对中国老年人口身体健康和心理健康的影响 [J]. 人口研究，2017, 41 (5)：74 - 88.

[26] 刘万. 延迟退休一定有损退休利益吗：基于对城镇职工不同退休年龄养老金财富的考察 [J]. 经济评论，2013 (4)：27 - 36.

[27] 刘亚飞，胡静. 子女数量、父母健康与生活满意度：基于性别失衡视角 [J]. 西北人口，2017, 38 (3)：68 - 75.

[28] 陆旸，蔡昉. 人口结构变化对潜在增长率的影响：中国和日本的比较 [J]. 世界经济，2014 (1)：3 - 29.

[29] 鲁元平，张克中. 老有所乐吗：基于退休与幸福感的实证分析 [J]. 经济管理，2014，36（8）：168 – 178.

[30] 罗双成，陈卫民，邱士娟. 人力资本如何影响中老年劳动供给 [J]. 南方人口，2019，34（3）：57 – 68.

[31] 彭浩然. 基本养老保险制度对个人退休行为的激励程度研究 [J]. 统计研究，2012，29（9）：31 – 36.

[32] 彭浩然，邱桓沛，朱传奇，等. 养老保险缴费率、公共教育投资与养老金替代率 [J]. 世界经济，2018（7）：148 – 168.

[33] 秦雪征，庄晨，杨汝岱. 计划生育对子女教育水平的影响：来自中国的微观证据 [J]. 经济学（季刊），2018，17（3）：897 – 922.

[34] 田立法，梁学平，强福荣，等. 渐进式延迟退休年龄政策的接受意愿影响因素研究：以天津市为例 [J]. 科学决策，2017（1）：18 – 35.

[35] 田月红，赵湘莲. 渐进式延迟退休对养老金财务可持续性的影响 [J]. 财经问题研究，2018（4）：84 – 91.

[36] 王翠琴，田勇，薛惠元. 城镇职工基本养老保险基金收支平衡测算：2016—2060：基于生育政策调整和延迟退休的双重考察 [J]. 经济体制改革，2017（4）：29 – 36.

[37] 王军，王广州. 中国城镇劳动力延迟退休意愿及其影响因素研究 [J]. 中国人口科学，2016（3）：81 – 92.

[38] 王琼，曾国安. 退休及养老金收入对幸福感的影响：基于 CHARLS 数据的经验分析 [J]. 保险研究，2015（11）：95 – 109.

[39] 王天宇，邱牧远，杨澄宇. 延迟退休、就业与福利 [J]. 世界经济，2016（8）：69 – 93.

[40] 史薇. 公益活动参与对生活满意度的影响：一项关于城市退休老年人的复制性研究 [J]. 人口与发展，2017，23（2）：51 – 60.

[41] 宋宝安，于天琪. 城镇老年人再就业对幸福感的影响：基于吉林省老年人口的调查研究 [J]. 人口学刊，2011（1）：42 – 46.

[42] 席恒，王昭茜. 不同职业类型劳动者退休意愿差异及影响因素研究：基于我国 10 省市调查数据的实证分析 [J]. 西北大学学报（哲学社会科学版），2017（2）：11 – 19.

[43] 薛惠元，张怡. 延迟退休会减少职工和居民的养老金财富吗？ [J]. 统计与信息论坛，2018（4）：101 – 108.

［44］ 严成樑. 延迟退休、财政支出结构调整与养老金替代率［J］. 金融研究,
2017（9）：55－70.

［45］ 阳义南, 曾燕, 瞿婷婷. 推迟退休会减少职工个人的养老金财富吗?［J］.
金融研究, 2014（1）：58－70.

［46］ 阳义南, 肖建华. 参保职工真的都反对延迟退休吗：来自潜分类模型的经
验证据［J］. 保险研究, 2018（11）：107－116.

［47］ 杨华磊, 何凌云, 汪伟. 人口世代更迭与资本红利：中国储蓄率的倒 U 形
之谜［J］. 国际金融研究, 2017（4）：22－31.

［48］ 杨筱, 张苏, 宁向东. 受教育水平与退休后再就业：基于 CHARLS 数据的
实证研究［J］. 经济学报, 2018, 5（3）：169－202.

［49］ 于翠婷, 喻继银. 高校教师对延迟退休年龄意愿的实证研究：基于成都市
高校教师的调查［J］. 人口与发展, 2013, 19（4）：82－89.

［50］ 于洪, 曾益. 退休年龄、生育政策与中国基本养老保险基金的可持续性
［J］. 财经研究, 2015, 41（6）：46－69.

［51］ 于文广, 李倩, 王琦, 等. 基于年龄与工资水平差异的延迟退休对我国养
老保险基金收支平衡的影响［J］. 中国软科学, 2018（2）：54－67.

［52］ 余桔云. 延迟退休与养老金财富关系的定量考察［J］. 人口与经济, 2014
（4）：74－81.

［53］ 袁磊. 延迟退休能解决养老保险资金缺口问题吗：72 种假设下三种延迟方
案的模拟［J］. 人口与经济, 2014（4）：82－93.

［54］ 张川川. 延迟退休年龄：背景、争议与政策思考［J］. 武汉大学学报（哲
学社会科学版）, 2017（5）：43－51.

［55］ 张川川. 养老金收入与农村老年人口的劳动供给：基于断点回归的分析
［J］. 世界经济文汇, 2015（6）：76－89.

［56］ 张乐川. 上海地区延长退休年龄意愿研究：基于 Logistic 回归分析［J］. 人
口与经济, 2013（1）：61－67.

［57］ 张文娟, 纪竞垚. 经济状况对中国城乡老年人生活满意度影响的纵向研究
［J］. 人口与发展, 2018, 24（5）：104－112.

［58］ 张熠. 延迟退休年龄与养老保险收支余额：作用机制及政策效应［J］. 财
经研究, 2011（7）：4－16.

［59］ 赵昕东, 李林. 中国劳动力老龄化是否影响全要素生产率：基于省级
面板数据的研究［J］. 武汉大学学报（哲学社会科学版）, 2016, 69

（6）：68 – 76.

[60] 郑苏晋，王文鼎. 延迟退休会减少职工的养老金财富吗？[J]. 保险研究，
2017 (5)：105 – 118.

[61] 邹红，喻开志. 退休与城镇家庭消费：基于断点回归设计的经验证据
[J]. 经济研究，2015, 50 (1)：124 – 139.

[62] 邹铁钉. 延迟退休与养老保险制度并轨的财政及就业效应 [J]. 经济评论，
2017 (6)：94 – 108.

[63] ALTONJI J G, PAXSON C H. Job Characteristics and Hours of Work [J]. Re-
search in Labor Economics, 1986, 8 (1)：1 – 55.

[64] ASHENFELTER O. Macroeconomic Analyses and Microeconomic Analyses of La-
bor Supply [J]. Carnegie – Rochester Conference Series on Public Policy,
1984, 21 (1)：117 – 156.

[65] BARRO R J, BECKER G S. Fertility Choice in a Model of Economic Growth
[J]. Econometrica, 1989, 57 (2)：481 – 501.

[66] BECKER G S, BARRO R J. A Reformulation of the Economic Theory of Fertility
[J]. Quarterly Journal of Economics, 1988, 103 (1)：1 – 25.

[67] ROBINS B P K. Fertility, Employment, and Child – Care Costs [J]. Demogra-
phy, 1989, 26 (2)：287 – 299.

[68] BLOOM D E, WILLIAMSON J G. Demographic Transitions and Economic Mir-
acles in Emerging Asia [J]. The World Bank Economic Review, 1998, 12
(3)：419 – 455.

[69] BREYER F, HUPFELD S. On the Fairness of Early – Retirement Provisions
[J]. German Economic Review, 2010, 11 (1)：60 – 77.

[70] BECK S H. Adjustment to and Satisfaction With Retirement [J]. Journal of Ger-
ontology, 1982, 37 (5)：610 – 616.

[71] BOSS R A, CAROLYN M, LEVENSON M R, et al. Mental Health Difference-
samong Retirees and Workers: Findings from the Normative Aging Study" [J].
Psychology & Aging, 1987, 2 (4)：380 – 383.

[72] CHARLES K K. Is Retirement Depressing: Labor Force Inactivity and Psycholog-
ical Well – Being in Later Life [J]. Nber Working Papers, 2004, 23 (4)：
269 – 299.

[73] CARSTENSEN L L, ISAACOWITZ D M, CHARLES S T. Taking Time Seri-

ously: A Theory of Socioemotional Selectivity [J]. American Psychologist, 1999, 54 (3): 165 – 181.

[74] CIGNO A, ROSATI F C. Jointly Determined Saving and Fertility Behaviour: Theory and Estimates for Germany Italy UK and USA [J]. European Economic Review, 1996, 40 (8): 1561 – 1589.

[75] CREMER H, PESTIEAU P. The Double Dividend of Postponing Retirement [J]. International Tax and Public Finance, 2003, 10 (4): 419 – 434.

[76] DINARDO J, LEE D S. Program Evaluation and Research Designs [J]. Handbook of Labor Economics, 2011, 4 (1): 463 – 536.

[77] DOEPKE M. Accounting for Fertility Decline during the Transition to Growth [J]. Journal of Economic Growth, 2004, 9 (3): 347 – 383.

[78] DOEPKE M, HAZAN M, MAOZ Y D. The Baby Boom and World War II: A Macroeconomic Analysis [J]. Review of Economic Studies, 2008, 82 (3253): 1031 – 1073.

[79] ELWELL F, MALTBIECRANNELL A D. The Impact of Role Loss Upon Coping Resources and Life Satisfaction of the Elderly [J]. Journal of Gerontology, 1981, 36 (2): 221 – 223.

[80] FANTI L. Raising the Mandatory Retirement Age and its Effect on Long – run Income and Pay – as – you – go Pensions [J]. Metroeconomica, 2014, 65 (4): 619 – 645.

[81] FELDSTEIN M. Social Security, Induced Retirement, and Aggregate Capital Accumulation [J]. Journal of Political Economy, 1974, 82 (5): 905 – 926.

[82] FUTUNES T, MYKLETUN R J, SOLEM P E. Late Career Decision – Making: A Qualitative Panel Study [J]. Work Aging & Retirement, 2015, 1 (3): 284 – 295.

[83] FEYRER J. Demographics and Productivity [J]. The Review of Economics and Statistics, 2007, 89 (1): 100 – 109.

[84] GALASSO V. Postponing Retirement: the Political Effect of Aging [J]. Journal of Public Economics, 2008, 92 (10): 2157 – 2169.

[85] GALL T L, EVANS D R, HOWARD J. The Retirement Adjustment Process: Changes in the Well – being of Male Retirees Across Time [J]. The Journals of Gerontology Series B: Psychological Sciences and Social Sciences, 1997, 52

(3): 110 - 117.

[86] GILES J, WANG D, CAI W. The Labor Supply and Retirement Behavior of China's Older Workers and Elderly in Comparative Perspective [J]. World Bank Policy Research Working Paper, 2011, 5853 (1): 1 - 38.

[87] GREENWOOD J A, SESHADRI G, VANDENBROUCKE. The Baby Boom and Baby Bust [J]. American Economic Review, 2002, 95 (1): 183 - 207.

[88] GROEZEN V, LEERS, THEO, et al. Social Security and Endogenous Fertility: Pensions and Child Allowances as Siamese Twins [J]. Journal of Public Economics, 2003, 87 (2): 233 - 251.

[89] HAHN J, TODD P, LAAUW W V D. Identification and Estimation of Treatment Effects with a Regression - Discontinuity Design [J]. Econometrica, 2010, 69 (1): 201 - 209.

[90] HEAPHY E D, DUTTON J E. Positive Social Interactions and the Human Body at Work: Linking Organizations and Physiology [J]. The Academy of Management Review, 2008, 33 (1): 137 - 162.

[91] IMBENS G, LEMIEUX T. The Regression Discontinuity Design - Theory and Applications [J]. Special Issue, Journal of Econometrics, 2007, 142 (2): 611 - 614.

[92] INCEOGLU I, SEGERS J, BARTRAM D. Age - Related Differences in Work Motivation [J]. Journal of Occupational and Organizational Psychology, 2012, 85 (2): 300 - 329.

[93] JOHNSON D C S M. Avowed Happiness as an Overall Assessment of the Quality of Life [J]. Social Indicators Research, 1978, 5 (4): 475 - 492.

[94] JOKELA M, FERRIE J E, GIMENO D. From Midlife to Early Old Age: Health Trajectories Associated with Retirement [J]. Epidemiology, 2010, 21 (3): 284 - 290.

[95] KALWIJ A A. KAPTEYN D K. Retirement of Older Workers and Employment of the Young [J]. Economist, 2010, 158 (4): 341 - 359.

[96] KALWIJ A S. The Effects of Female Employment Status on the Presence and Number of Children [J]. Journal of Population Economics, 2000, 13 (2): 221 - 239.

[97] KARLSTROM A, PALME M, SVENSSON I. A Dynamic Programming Approach

to Model the Retirement Behaviour of Blue-Collar Workers in Sweden [J]. Journal of Applied Econometrics, 2004, 19 (6): 795 – 807.

[98] KOSTOL A, MOGSTAD M. How Financial Incentives Induce Disability Insurance Recipients to Return to Work [J]. Discussion Papers, 2013, 104 (2): 624 – 655.

[99] KRUSELL P, et al. Capital – Skill Complementarity and Inequality: A Macroeconomic Analysis [J]. Econometrica, 2000, 68 (5): 1029 – 1053.

[100] LACOMBA J A, LAGOS F. Postponing the Legal Retirement Age [J]. Journal of the Spanish Economic Association, 2010, 1 (3): 357 – 369.

[101] LEE D S, LEMIEUX T. Regression Discontinuity Designs in Economics [J]. Journal of Economic Literature, 2010, 48 (2): 281 – 355.

[102] LIAO P J. Does Demographic Change Matter for Growth [J]. European Economic Review, 2011, 55 (5): 670 – 677.

[103] LIAO P J. The One – Child Policy: A Macroeconomic Analysis [J]. Journal of Development Economics, 2013, 101 (6): 49 – 62.

[104] LINDA K G. Sociological Perspectives on Life Transitions [J]. Annual Review of Sociology, 1993, 19 (1): 353 – 373.

[105] LUHMANN M, HOFMANN W, EID M, et al. Subjective Well – Being and Adaptation to Life Events: A Meta – Analysis [J]. Journal of Personality and Social Psychology, 2012, 102 (3): 592 – 615.

[106] LUMSDAINE R L, VERMEER S J. Retirement Timing of Women and the Role of Care Responsibilities for Grandchildren [J]. Demography, 2015, 52 (2): 433 – 454.

[107] LYNN A, ZISSIMOPOULOS J. Self – Employment Among Older U. S. Workers [J]. Labour Economics, 2007, 14 (2): 269 – 295.

[108] MCCRARY J. Manipulation of the Running Variable in the Regression Discontinuity Design: A density Test [J]. Journal of Econometrics, 2008, 42 (2): 698 – 714.

[109] MIYAZAKI K. The Effects of the Raising – the – Official – Pension – Age Policy in an overlapping Generations Economy [J]. Economics Letters, 2014, 123 (3): 329 – 332.

[110] MOFFITT R. Optimal Life – Cycle Profiles of Fertility and Labor Supply [J].

Research in Population Economics, 1984, 5 (1): 29 – 50.

[111] PINQUART M, SCHINDLER I. Changes of Life Satisfaction in the Transition to Retirement: A latent – Class Approach [J]. Psychol Aging, 2007, 22 (3): 442 – 455.

[112] PRESSER H B, BALDWIN W. Child Care as a Constraint on Employment: Prevalence, Correlates, and Bearing on the Work and Fertility Nexus [J]. American Journal of Sociology, 1980, 85 (5): 1202 – 1213.

[113] PUHAKKA M, VIREN M. Social Security, Saving and Fertility [J]. Finnish Economic Papers, 2012, 25 (1): 28 – 42.

[114] QUINN J F. Microeconomic Determinants of Early Retirement: A Cross – Sectional View of White Married Men [J]. The Journal of Human Resources, 1977, 12 (3): 329 – 346.

[115] RIBAR D C. Special Issue on Child Care Child Care and the Labor Supply of Married Women: Reduced Form Evidence [J]. The Journal of Human Resources, 1992, 27 (1): 134 – 165.

[116] RICHTER K, PODHISITA C, SOONTHORNDHADA C K. The Impact of Child Care on Fertility in Urban Thailand [J]. Demography, 1994, 31 (4): 651 – 662.

[117] ROSATI F C. Social Security in a non – Altruistic Model with Uncertainty and Endogenous Fertility [J]. Journal of Public Economics, 1996, 60 (2): 283 – 294.

[118] RUHM C. Bridge Jobs and Partial Retirement [J]. Journal of Labor Economics, 1990, 8 (4): 482 – 501.

[119] RUST J, PHELAN C. How Social Security and Medicare Affect Retirement Behavior in a World of Incomplete Markets [J]. Econometrica, 1997, 65 (4): 781 – 831.

[120] SCHOONBROODT A, TERTILT M. Property Rights and Efficiency in OLG Models with Endogenous Fertility [J]. Journal of Economic Theory, 2014, 150 (1): 551 – 582.

[121] STOCK J H, WISE D A. Pensions, the Option Value of Work, and Retirement [J]. Econometrica, 1990, 58 (5): 1151 – 1180.

[122] STOKEY N L. Free Trade, Factor Returns, and Factor Accumulation [J].

Journal of Economic Growth, 1996, 1 (4): 421 –447.

[123] SULLIVAN S E, ARISS A. Employment after Retirement: A Review and Framework for Future Research [J]. Journal of Management, 2019, 45 (1): 262 –284.

[124] SZINOVACZ M E, DAVEY A. Retirement and Marital Decision Making: Effects on Retirement Satisfaction [J]. Journal of Marriage & Family, 2005, 67 (2): 387 –398.

[125] YANG H. The Choice of Pension and Retirement Systems when Post – 1960s Baby Boomers Start to Retire in China [J]. China Finance and Economic Review, 2016, 4 (1): 1 –11.

[126] WELLER C. Don't Raise the Retirement Age [J]. Challenge, 2002, 45 (1): 75 –87.

[127] WIGGER B U. Pay – as – You – Go Financed Public Pensions, in a Model of Endogenous Growth and Fertility [J]. Journal of Population Economics, 1999, 12 (4): 625 –640.

[128] WILLIAMSON H J G. Age Structure Dynamics in Asia and Dependence on Foreign Capital [J]. Population and Development Review, 1997, 23 (2): 261 –293.

[129] ZHANG J, ZHANG J S. How does Social Security Affect Economic Growth? Evidence from Cross – Country Data [J]. Journal of Population Economics, 2004, 17 (3): 473 –500.

[130] ZHU X, WHALLEY J, ZHAO X. Intergenerational Transfer, Human Capital and Long – Term Growth in China under the One – Child Policy [J]. Economic Modelling, 2014, 40 (6): 275 –283.